Fischland
Darss & Zingst

Sagen und Geschichten

Neu vorgestellt und erzählt von
Krystin Liebert

mit Fotos von
Lutz Gebhardt und
Matthias Krempien

Demmler Verlag

Fotos:
Matthias Krempien, Titelfoto, S.12/13, 16/17, 28, 36/37, 47, 55,57, 60/61, 78, 81, 86/87
Alle anderen Fotos von Lutz Gebhardt

© 2010 Demmler Verlag GmbH
An der Bäderstrasse 7 c
18311 Ribnitz-Damgarten
Telefon: 03 821/ 70 63 97, Fax: 70 88 76
info@demmlerverlag.de
www.demmlerverlag.de

2. ergänzte und erweiterte sowie neu gestaltet Auflage

Satz & Layout:
Matthias Krempien, Grafikdesigner (HBFS)

Druck und Verarbeitung:
DZA Druckerei zu Altenburg GmbH, Altenburg

ISBN 978-3-910150-84-3

ZUM GELEIT

Umbrandet von salzigen Wellen des Meeres und umspült von den Wassern des Boddens liegt die Halbinsel Darss-Zingst, verbunden mit dem Festland durch eine schmale Landbrücke, dem Fischland. Die Halbinsel ist im Vergleich zu anderen Küstenbildungen sehr flach, und doch zeigt sich die Landschaft sowohl vielfältig als auch reizvoll.

Der Darsswald mit seinen uralten knorrigen Buchen und gespenstischen Wacholderbüschen, der Weststrand in seiner rauen urwüchsigen Gestalt, der betörende Duft der wilden Blüten und harzigen Bäume im Sommer – wer mit offenen Sinnen über die Halbinsel geht, wird von ihrer unverkennbaren Mystik und Eigenart angezogen. Trotzdem sind von dieser zauberhaften Landschaft nur wenige Sagen überliefert.

Sagen erzählen von vergangenen Zeiten, als die Menschen noch keine Erklärungen für das Wirken der Naturkräfte hatten. So entstanden Geschichten von Begebenheiten mit Hexen und Riesen, von schönen Meerjungfrauen, verwunschenen Prinzessinnen und spukenden Gestalten. Einige Sagen gehen auch von gesellschaftlichen Erscheinungen aus, so von Rache und Wohlstand, von Recht und Unrecht.

Aber Sagen sind nicht einfach erdachte Geschichten, vielmehr tragen sie Botschaften vergangener Tage und uralte Weisheiten in sich. Wenn wir heute Sagen lesen, können wir etwas über das Leben und Denken, über die Kultur und Geschichte unserer Vorfahren erfahren.

Viele Sagen und Mythen ranken sich auch um die Natur, Steine, Hügel und Bäume. Oft lassen sie sich auf heilige Stätten unserer Vorfahren zurückführen. Man denke an den Baumkult der Germanen oder die Errichtung von Steinen und Burgwällen früherer Siedler.

Großsteingräber oder Hügelgräber sind in Sagen oft von Unterirdischen oder Zwergen bewohnt, und auch Seen und Wälder sind von geheimnisvollen Wesen bevölkert. Unsere Ahnen hielten alle Dinge und

« Gehöft in Barnstorf

Naturerscheinungen für belebt. Elementargeister waren für das Wirken und Geschehen in der Natur verantwortlich, und um sich mit ihnen gut zu stellen, verehrten unsere Ahnen die Natur durch Götter oder Mythen. In den unterschiedlichen Sagengestalten leben diese Vorstellungen weiter.

Von der Halbinsel Fischland-Darss-Zingst sind nur wenige Sagen schriftlich überliefert, was vermutlich auch daran liegt, dass das Geschichtenerzählen in früheren Zeiten eine große Rolle spielte. Der Vollständigkeit halber sind in diesem Buch auch Sagen aus dem Umland mit aufgenommen worden.

Zu den Besonderheiten des Sagenschatzes der Halbinsel zählen vor allem die Sagen von Seeräubern.
Bis in die christliche Zeit hinein waren die Darsser Strandräuber unter dem Namen „Darsser Totschläger" bekannt und berüchtigt. Hier tritt der legendäre Klaus Störtebecker in Erscheinung, über den im ganzen Ostseeraum Erzählungen zu finden sind.
Aus der heidnischen Zeit ist weniger bekannt. Man geht davon aus, dass die Wenden das Land besiedelten. Allerdings hat man aus der Wendenzeit kaum Funde machen können. Dagegen sind die Ortsnamen slawischen Ursprungs. Lediglich die Sage vom Wustrower Kirchhügel erzählt noch vom alten Inselvolk.
Andere Sagen sind nur schwer auf diese Zeit zurückzuführen.
Die Botschaften der Sagen sind uns aber nicht gänzlich verschlossen, und mit ein wenig Aufmerksamkeit können wir hinter ihre Geheimnisse kommen.

Eine Reise in die Welt der Sagen kann sehr spannend sein. Wenn wir uns an die Orte des Geschehens begeben, können wir eintauchen in Mystik und Phantasie, aber wir können uns auch mit Geschichte verbinden und den uralten Erzählungen unserer Vorfahren lauschen.

Zeesboot auf dem Saaler Bodden **»**

Entstehungssagen

Das Fischland ist ein altes Wendenland und trug bis zum Ende des Mittelalters den Namen Swante-Wustrowe, was soviel wie die „Heilige Insel" heißt. Vom Wustrower Kirchturm aus kann man den Ort deutlich in seiner Anlage als wendisches Runddorf mit zahlreichen alten rohrgedeckten Häusern erkennen. Ursprünglich galt dieser Name dem heutigen Wustrower Kirchhügel, der in der Wendenzeit ein Burgwall gewesen war. Hier soll der wendische Gott Swantewit verehrt worden sein. Das vierköpfige Bildnis des Swantewit stand in einem Tempel aus reich verziertem Holz.

Zu den Jahresfesten trug er ein Füllhorn mit frischem Met, denn es hieß, wenn am Ende der Welt die Sonne stürbe, solle er die Seelen mit himmlischer Nahrung versorgen. Ihrem Gott opferten die Wenden Pferde, welche sie dann rund um den Tempel aufrichteten.

So führt uns der Anfang der Fischlandgeschichte in die tiefe Wendenzeit und ist in folgender Sage überliefert:

Die Sage erzählt von einem Riesen, der mit Hilfe seines Schimmels den Wustrower Hügel in einer einzigen Nacht zusammengetragen hat. Der Riese soll aber kein anderer als der berühmte Slawengott Swantewit gewesen sein, der später, als dort sein Tempel errichtet war, bei Nacht auf dem Schimmel gegen die Feinde zum Kampf ritt, als sie sein Heiligtum zerstören wollten.

Der Wustrower Kirchhügel muss tatsächlich künstlich geschaffen worden sein, denn Grabungen haben ergeben, dass seine Erde von anderer Beschaffenheit ist als die der Umgebung. Auch wird von einer Vertiefung in der Wiesenfläche landeinwärts erzählt, aus welcher der Riese die Erde genommen haben soll.

S. 12/13 Der Wustrower Kirchhügel ist in früheren Zeiten ein slawischer Burgwall gewesen »

Die Entstehung des Fischlandes

Vor vielen, vielen Jahren, als ein überaus heftiger Sturm die Ostsee aufwühlte und ihre Wellen gegen die Ufer peitschte, riss von der dänischen Insel ein großes Stück Land ab und trieb übers Wasser, bis es sich an der Nordküste Mecklenburgs anlegte, wo es fortan eine Landbrücke zwischen Meer und Bodden zum Darss bildete und den Namen Fischland erhielt. Auf dem angetriebenen Landstrich soll ein Schloss gestanden haben, in dem eine Prinzessin wohnte, und vor nicht allzu langer Zeit hat man auf dem Dierhäger Feld noch die Stelle bezeichnet, wo es sich einst erhoben hat.

Zauberei und Aberglaube

Das Fischland ist seit jeher eine Gegend, in der Aberglaube und Brauchtum stark miteinander verbunden sind. Der Aberglaube wurde von Generation zu Generation weitergegeben und konnte sich so lange erhalten. Noch vor wenigen Jahrzehnten sprach man von alten Frauen und auch Männern, denen übernatürliche Heilkräfte nachgesagt wurden. Sie wurden in vielen Krankheitsfällen aufgesucht, um durch Handauflegen oder durch Besprechen zu „stillen" oder zu heilen. Das Geheimnis ihrer Heilsprüche wurde an auserwählte Personen weitergegeben, um den Glauben lebendig zu halten. So wurde in Wustrow von einer alten Frau erzählt, die so lange nicht zum Sterben kommen konnte, bis sie einen Menschen fand, dem sie ihr Geheimnis anvertrauen konnte. Auch sonst gab es noch allerlei Aberglauben auf dem Fischland. Kräuter wurden unter die Schwelle gelegt, um Krankheiten fernzuhalten, Schiffsbilder mussten so aufgehängt werden, dass das Schiff nicht mit dem Glück aus dem Hause fährt, und es wurde darüber geredet, wie man den bösen Blick eines Nachbarn abwenden konnte. Viele der Geheimnisse nahmen die alten Leute jedoch mit ins Grab, und so wird es höchstens ein Zufall sein, Spuren des Arberglaubens auf dem Fischland zu finden.

Erfüllung aller Wünsche

Auf dem Darss kannte man ein Mittel, um sich jeden Wunsch zu erfüllen: Wenn man einen Wirbelsturm aufsteigen sieht, wirft man ein trockenes Buchenblatt hinein, auf welchem die Buchstaben „K", „M", „B", die Namen der drei Könige Kaspar, Melchior, Balthasar und darunter drei Kreuze geschrieben sind. Der Wind zieht das Blatt mit sich in den Himmel, von wo aus die Erfüllung des Wunsches kommen soll.

Man empfahl, stets ein so vorbereitetes Buchenblatt in seiner Tasche zu tragen. Denn unerfüllte Wünsche hat man zu jeder Zeit, und der nächste Wirbelsturm steigt gewiss auf.

Farrenkraut

Auf dem Darss wird das Farrenkraut „Fahr" genannt. Eine ihm verwandte Art, das *„Pteridium auqilinum"* wird auch Adlerfarn oder Jesuschristuswurzel genannt. Einige Pflanzen nämlich zeigen, wenn man ihre Wurzel schief der Quere nach durchschneidet, eine durch braune Äderchen gebildete Figur, die einem doppelten Adler ähnlich sieht. Andere sehen darin die Buchstaben CJ.

Behexen der Pferde

Auf dem Darss gab es früher viele Hexen und Zauberer, die ihre Freude daran hatten, anderen die Pferde zu behexen. Man merkte solches Behexen gleich daran, dass die Tiere nicht mehr fressen wollten. Es gab dagegen nur ein Mittel, aber das half auch ganz sicher. Man legte den Pferden einen gesalzenen Hering ins Futter, wodurch die Hexerei unwirksam wurde.

Hexe als Fuchs

In Wustrow gab es Hexen, die sich in Tiere verwandeln konnten. Eines Tages geht eine Hexe in Fuchsgestalt übers Feld und bezaubert das Vieh ihres Nachbarn. Als sie damit fertig ist und nach Hause gehen will, kommt ihr Mann von seinem Tagewerk heim. Bei seinem Anblick ergreift die Hexe die Flucht, läuft so schnell sie kann, schlüpft durch die Hintertür ihres Hauses und versteckt sich im Bett. Aus Eile jedoch, lässt sie den Schwanz raushängen. Als der Mann das sieht, holt er erschrocken sein Beil, um den Fuchs zu töten. Doch als er wiederkommt, liegt nicht der Fuchs, sondern seine Frau im Bett.

Dreibeiniger Hase

Um das Jahr 1800 lebte in Dändorf der Bauer Voss. Dieser beobachtete jeden Abend, wie ein dreibeiniger Hase von Dändorf nach Dierhagen trabte. Eines Abend dachte er: "Wart, dich soll der Tausend kriegen!", lud seine Flinte und setzte sich hinter einen Zaun am Wege. Als nun der Hase kam, schoss Voss nach ihm, traf aber nicht, und der Hase humpelte ruhig weiter. Am nächsten Abend lud Voss seine Flinte mit einem silbernen Erbsenknopf und setzte sich in einen Backofen, nahe am Weg. Der Hase kam und Voss brannte ihm die Ladung unter den Pelz. Da rannte der Hase so schnell wie er konnte.

Voss hatte gut getroffen, denn als der Arzt der Schifferfrau den silbernen Erbsenknopf wieder aus dem Körper zog, sagte er: „Der, welcher geschossen hat, hat wie ein echter Kerl geschossen!"

«S. 16/17 Blick auf das alte Kapitänshaus in Zingst

Feuer besprochen

In früheren Zeiten ist die Stadt Ribnitz einmal fast abgebrannt. Als nur noch wenige Häuser stehen, kommt ein Herr angeritten. Er bespricht das Feuer, so dass es augenblicklich erloschen ist. Es soll gerade um halb neun Uhr abends gewesen sein. Deshalb wird noch heute alle Abend um halb neun in der Ribnitzer Kirche geläutet.

Der Feuerbesprecher von Ribnitz

Es war mitten im Siebenjährigen Kriege. Da kamen auch die Werber des Alten Fritz nach Ribnitz, um kräftige Leute zu Soldaten zu machen. Deshalb floh natürlich alles junge Volk.
Unglücklicherweise brach damals ein großes Feuer aus. Die Kirche war arg mitgenommen, denn die große Kirchenglocke war zerschmolzen, die mittlere zerbarst und das Kupferdach war zerstört. Auch das Rats- und Schulhaus wurden Opfer der Flammen. Es war, als ob die ganze Stadt vernichtet würde. Da sprengte auf schnaubendem Rosse ein preußischer Husar daher. Er besprach das Feuer, „boedelte" dann die Büttelstrasse herunter zum Wasser und zog das Feuer wie einen Schweif hinter sich her. Im Binnensee aber erlosch das Feuer. Das war um halb neun Uhr abends.
Seit jener Zeit wird am Abend um halb neun die Glocke der Ribnitzer Kirche geläutet, und die von der Kirche nach dem Wasser führende Strasse wird „dei Boedelstraat" genannt.

S. 20/21 Stadtkirche in Ribnitz-Damgarten »

Von dei Ribnitzer Mückensprütters

Schauster Pickdraht - hei wahnt in Goldbarg, möglicherwis' ok in Ribnitz – seit in si Warkstäd un kickt ut sin Finster un dunn nah denn' Kirchturm rup. Mit einmal seeg hei dor so'n Rook un Qualm. „Herrjeh, datt brennt jo!" röppt hei un rönnt nah denn Mark un schriet ludhals: „Füer! Füer! Füer!" Snider Flink kümmt antauboedeln und fröggt: „Wo is denn dat Füer?" Dei Schauster schriet ümmertau: „Dei Turm brennt! Füer! Füer!"

In'n Ogenblick is einen ganzen Hümpel Minschen tausam. All's löppt nah'n Sprüttenhaus un halt dei Sprütten rut. Ein poor Ackerbörgers kamen mit ehr Mähren antaujagen un führen dei Sprütten nah dei Pumpen. Dor güng dat Waterpumpen nu up ne gefährliche Ort los. Slachter Fett kreig einen Bums an sin rote Näs'; un dunn füng hei niederträchtig an tau schimpen. Dei Lüd kümmerten sick oewer nich üm sin'n Larmkram. Sei pumpten fester wider un marachten sick up en gruselige Wis' af.

Mit einmal seggt Bäcker Witt, wat einen bannig klauken Minschen wir: „Ick glöw, dat is gor kein Füer! Ick seih bloß Rook, oewer dor kamen jo kein Flammen!" „Droehnsnack!" seggen dei annern, „dau Du man wat un holl Din Mul, Du dumme Klas!"

Na, tauletzt sünd dei Sprütten denn vull. Dei Ackerbürgers slagen nu up dei Pihr los un susen nah bei Kirch hen. Dei Sprüttenmeiser krigt sin Instrument her und smitt denn eine Masse Water nah denn' Turm ran. Dunn is dat so, as wenn eine grote Qualmkugel langsam von denn' Turm wegtreckt. Dunn röppt dei nägenklauke Bäcker Witt: „Dat is jo ein Mückenswarm. Mücken, nicks as Mücken sünd dat! Hew ich dat nich glik seggt, dat wir kein Füer!"

All dei Börgers makten 'ne lange Näs'. Schauster Pickdraht sin oewer wir am längsten. Sid dei Tid heiten dei Goldbarger und dei Ribnitzer Mückensprütters.

Das Rostocker Tor in Ribnitz-Damgarten »

Worüm die Marlowschen Borenstäkers heiten

Kein Marlower Börger kann dat verdrägen, wenn man em Borenstäker nennt, wat ok sinen natürlich Grund hett, wenn man dei Geschicht hürt, wo sei up dei Borenjagd utwest sünd.

As dat Geräd' mal güng, dat in denn' Marlowschen Holt ein groter, swarter Bor sin Wesen bidrew un ei un dei anner em ok all seihn harr, dunn rüsten sick dei Marlower Börgers taun ne grote Jagdpartie.

Sei leten sick ne grote Lanz maken an'n langen Stäl und tröken dormit ut. Wil sei nu oewer all anfaten deren und dat Ding verdwas vör sicken drögen, können sei nich ut denn' Dur herutkamen. As sei noch so ratslagten, wo dat all antaugahn wir, dat sei dat Ding dörchkrigen, röp ne Kreih: „Scharp vör! Scharp vör!"

Dat lücht ehr ok glik in, sei nehmen dat scharp Enn vör un kemen glücklich dörch dat Dur.

As sei nun in dat Holt kemen, können sei denn' Boren nich sinnen, bet tauletzt ein Snider, dei am allerdrisesten wir, em utsünnig maken ded. Wil hei nu dei Tapferste wir, müsst hei vörn an dei Spitz un richten dei Lanz, un dei annern söten achter an, un nu güng datt mit enen groten Anlop up denn' Boren dal. Un sei bohrten dat Undeirt dei Lanz half nah denn' Liw rin.

As sei nu recht taukeiken, wir't oewerst man'n ollen verott'n Stemm.

Von dem Marlowschen Kuckuck

Dei Marlower hebben eins'n groten Posten Geld in dei Stadtkass' hatt. Dorup berad'n sei, wer woll am ihrlichsten wir, wo sei dat Geld am besten in Verwohrung gäben künnen. Tauletzt gäben sei dat denn' Kauhirer, dei nimmt dei Kass' mit tau Fell. Nu hebben dor ümmer an dei Grenz dei Marlowschen Kuckuck un dei Brunstörper in dei Wedd raupen, un dei Brunstörper hett fixer raupen künnt. Dat argert denn'

Kauhhirer: hei will denn' Marlowschen Kuckuck helpen un stiggt in'n Bom und kuckuckt mit. Ünnerdes kümmt dor'n Handwerksburß dei Landstrat lang to gahn; dei süht dei Geldkass' dor ünner an denn' Bom stahn, nimmt sei ünner'n Arm und geiht dormit af. „Gah Du man" röppt dei Kauhirer em nah, „Du sast dat Geld woll wedderbringen; denn' Sloetel heff ick in dei Tasch."

Die Elster

Die Elster oder Hester ist ein Unglücksvogel. Häufig wird sie von den Bauern der Gemeinschaft mit Eulen oder Habichten an die Scheunentür genagelt, um dadurch die alten Wetterhexen vom Gehöft fernzuhalten.

Einst lebte in Löbnitz bei Barth ein Kätner, Johann Paulmann geheißen. Dessen Nachbar war sterbenskrank geworden, nur die Salbe des Schinders in Damgarten konnte ihm noch helfen. Da setzte sich Paulmann zu Pferde und ritt hin; aber obgleich er am frühen Morgen aufgebrochen war, es wurde Nachmittag, es wurde Abend, er kam nicht wieder. Endlich, als es schon tiefe Nacht war, kam er in Löbnitz an und hatte die Salbe auch bei sich; doch wie sah er aus! Das Gesicht leichenblass und verstört, und kein Wort konnte er herausbringen. Man fragte ihn, was ihm fehle, und endlich kamen ihm die Worte wieder, und er erzählte folgende Geschichte:

„Als ich von Damgarten zurück kam und bei dem Krug vorbei ritt, sah ich dicht vor dem Martenshagener Walde eine Unzahl bunter Vögel, die schwärmten um mich herum und schrien in der Luft, und mir war dabei so graulich zumute, dass mir grün und gelb vor Augen wurde und ich nicht mehr weiß, wie ich durch den Wald geritten bin. Auf der Löbnitzer Feldmark waren die Vögel verschwunden, nur zwei bunte Elstern saßen noch auf einer Weide, die sahen ganz absonderlich aus, und es schien mir, als sprächen sie miteinander, wie wenn zwei Menschen zusammen sprechen. Und mein Pferd stand still, und die eine von den Hestern schlug mit den Flügeln und sperrte den Schnabel auf und rief mir mit lauter Stimme zu: „Paulmann, du musst sterben und liegst nach acht Tagen unter der Erde, dein Nachbar aber geht dann gesund und munter wieder hinter dem Pfluge her." Da ward mir schwindlig vor den Augen, und es kam mir vor, als wäre ich auf einer großen wilden Heide. Und ich irrte wohl fünf Stunden ratlos umher, und wie ich endlich zu euch gekommen bin, das weiß ich nicht; so viel aber weiß ich, dass ich jetzt ein toter Mann bin."

Die Leute wollten ihm das ausreden, aber da sank er auf der Bank hin und wurde blass wie der Tod, und sie brachten ihn zu Bett, und den dritten Tag war er eine Leiche, und am siebten Tag da lag er auf dem Kenzer Kirchhof. Der kranke Nachbar aber wurde durch die Damgartener Salbe wieder kerngesund, und als sie den Paulemann begruben, ging er hinter seinen Ochsen auf dem Felde.

Holzfiguren am Nationalpark bei Zingst- Ost »

Die kluge Frau

Es gibt Menschen, die können mehr als andere, und das liegt daran, dass sie zu gewissen Stunden geboren sind. Dadurch ist ihnen diese Gabe oder Fähigkeit zu eigen geworden.

In Lüdershagen wohnte früher ein Kaufmann, der wusste immer im voraus, dass in kurzer Zeit dieser oder jener Mensch sterben müsste. Er hat dann oft gesagt: „Nu möt de eere de bald doran glööben", und er hat sich nie geirrt.

Auch eine Frau aus Lüdershagen verstand die geheimen Künste."Ich habe lange nicht daran glauben wollen, zuletzt bin ich aber davon überzeugt worden", erzählte der Förster Orge aus Lauterbach. Er hielt damals drei Gänse und einen Gänserich. Letzterer diente auch auf den Nachbargehöften. Und dafür erhielt er von jeder Haushaltung ein Viert Schrot. Sowie er nun morgens früh die Gänse aus dem Stall ließ, flog sein Gänserich zuerst zum Gehöft jener Frau und trat deren Gänse; dann kam er zurück und nahm das erste Futter zu sich. Er zweifelte nicht daran, dass die Frau ein geheimes Mittel anwandte, um den Gänserich zu zwingen, zuerst zu ihr zu fliegen.

Wirkung des bösen Blicks

In Neu-Lüdershagen hatte sich ein Bauer ein schönes, neues Pferd gekauft. Eines Sonntags wollte er zusammen mit seiner Frau einen Ausflug nach Seemühl machen. In der Nähe von Negast kam ihm ein Mann entgegen, der das Pferd mit scharfem Blick musterte. Im Vorbeigehen sprach er zu dem Besitzer: „Du hest die joo en schmuck Pferd tauleggt." Der Bauer nickte zustimmend und fuhr weiter. Nach wenigen Schritten sah er sich noch einmal um und bemerkte, wie dieser dasselbe tat und hämisch dazu lachte. Im gleichen Augenblick

« Typische Tür in Prerow

begann sein neues Pferd zu zittern. Starker Schweiß brach ihm aus, und es warf sich auf die Erde. Zum Glück erkannte seine Frau den Zauber. Sie stieg vom Wagen und widersprach dreimal dem bösen Blick. Sogleich stand das Pferd auf und ging munter weiter.

Die Bauersleute sind aber an demselben Tage dann nicht mehr nach Seemühl gefahren, sondern kehrten nach Hause zurück.

Von Drachen, Riesen und dem Hausgeist Puk

Viele Sagen in Norddeutschland berichten vom Puk, einem kleinen Hausgeist, der den Menschen zu Diensten stand. Der Glaube an den Puk ging im späten Mittelalter aus dem alten heidnischen Ahnen- und Seelenkult hervor. Deshalb hat dieser Hausgeist eine sehr enge Beziehung zu seinem Herrn und dessen Familie, denn ursprünglich ist er ja selbst einer ihrer Angehörigen gewesen. Der Puk, Kobold oder Drak, wie man ihn nannte, ließ sich mit Vorliebe auf dem Herd, hinter dem Ofen oder im Schornstein nieder. Und weil er so mit dem Feuer verbunden war, sah man ihn mit rotem Jäckchen als feurigen Streifen durch die Lüfte ziehen. Wenn eine Sternschnuppe vom Himmel fiel, so hieß es „De drak treckt".

Der Puk mit der roten Zipfelmütze

In einem altsächsischen Bauernhaus, das sich in Lüdershagen bis in die Gegenwart erhalten hat, wohnte um die Mitte des 19. Jahrhunderts ein Mann namens Westphal. Der hatte in seinen Diensten einen Puk, der ihm bei allen Arbeiten half. Der Puk war ein ganz kleines Männchen, etwa 1½ Fuß hoch, hatte einen langen Bart wie ein erwachsener Mann und trug auf dem Kopf eine rote Zipfelmütze. Tagsüber saß der Puk meist unter dem First des Daches auf dem so genannten Hahnenbalken. Viele Nachbarn haben ihn dort auch oft genug sitzen sehen, denn die rote Zipfelmütze leuchtete bis auf die Diele herab. Am fleißigsten war der Puk bei Nacht und in den frühen Morgenstunden; denn da fütterte er das Vieh, striegelte die Pferde und brachte die Fuhrwerke und das Ackergerät in Ordnung. Und wenn der Westphal aufstand, konnte er sogleich ins Feld ziehen. Als die Wirtschaft später einen neuen Besitzer bekam, war der Puk verschwunden.

Schiffer Gau und sein Puk

Einst lebte in Barth der Schiffer Heinrich Gau, der glücklichste und verwegenste Fischer auf der ganzen Ostsee. Ihm ging einfach alles leicht von Hand. Was andere sich nicht zutrauten, das tat Schiffer Gau. Man sagte, er könne mit allen Winden segeln, und wenn er wollte, auch gegen den Strom. Stets fand er sich als erster auf dem Platz ein und machte die besten Frachten. So kam er in wenigen Jahren zu großem Reichtum, und man nannte ihn nur noch den reichen Schiffer oder den reichen Gau. Die Sache hatte aber einen Haken. Die Leute munkelten, Gau hielt sich im Glas einen Puk, einen kleinen Hausgeist, dem er Wind und Glück zu verdanken hatte. Einige Matrosen wollten das Teufelsding, wie sie den Puk nannten, sogar schon in stürmischer und gefährlich düsterer Nacht auf dem Schiff gesehen haben. Er lotste den Schiffer dann außer Gefahr. Man erzählte sich auch, dass der Schiffer mit seinem kleinen Teufelskameraden sehr gut umging. Das Glas, in dem er ihn halte, stehe in seiner Koje in einem separaten Schrank, in den niemand hineinschauen dürfe. Der Schiffer stelle ab und zu Muskatwein, Rosinen und Feigen hinein. Also ist das Glück manch schönen Tag mit dem Schiffer Gau auf Fahrt gewesen. Er verstand es, seinen Puk zu regieren, und der war willig und hörte auf des Schiffers Kommando. Zuletzt ging dann aber alles schief, und das kam so: Der Schiffer war mit einer reichen

Ladung aus England gekommen und hatte sein Schiff auf den Strom der Sundschen Reede vor Anker gelegt.

Eines Tages musste er zum Geschäftemachen in die Stadt. Dort geriet er, wer weiß wie, in ein wüstes Trinkgelage. Gau guckte so tief ins Glas, dass er sein Schiff, den Puk und die ganze Welt vergaß. Zwei Tage vertrank er in Stralsund, während sein Puk hungerte. Dieser war darüber so wütend, dass er sein Glas aufbrach und einen Sturm auslöste, der die Segel des Schiffes gewaltig blähte und das Schiff von allen Ankern riss. Es erhob sich ein großes Geschrei in der Stadt, das die Zecher, auch den Schiffer Gau, auf die Beine brachte. Schnell sprang er mit einigen seiner Matrosen und ein paar anderen Waghalsigen in sein Boot und ließ die Riemen knarren. Lauthals trieb er die Männer an, sich zu eilen, weil er hoffte, seinen Puk schnell wieder ins Glas zu bekommen, sobald er an Bord wäre und ihm Kommandos geben könnte. Gau langte auch am Schiff an, das sich wie in einem gewaltigen Strudel rundum drehte. Sonderbarerweise bewegten sich aber die anderen Schiffe überhaupt nicht, so als ob für sie kein Lüftchen wehte. Mit barschem Ruf befahl Gau dem Puk, den Sturm zu legen.

Aber der Puk war durch das lange Hungern so erbost, dass er sich von Gau weder schelten noch besänftigen ließ. Vielmehr hetzte er den Wind bis zum Orkan, in dem das Schiff mit Mann und Maus unterging.

Zeesboot im Hafen von Althagen **»**

Der Kobold im Bauernhause

In einem Dorfe zwischen Barth und Damgarten lebte vor vielen Jahren ein Bauer, der auffallend schnell zu Wohlstand und Reichtum gelangte. Seine Nachbarn wussten aber auch ganz genau, woher das kam. Der Bauer hatte nämlich einen Kobold zu Hause, der ihm nicht nur das Vieh fütterte und pflegte, sondern ihm auch bei allen wirtschaftlichen Dingen half. Der Nachtwächter hat oft genug gehört, wie des Nachts auf der Tenne Korn gedroschen wurde, während doch Haus und Scheune ohne Licht waren, und der Bauer mitsamt seiner Familie, Mägden und Knechten schlief. Unter solchen Umständen war es dann nicht verwunderlich, dass der Bauer bei allem, was er tat, vom Glück begünstigt war und in wenigen Jahren der reichste Bauer im Dorfe war.

Der Planitzer Drache

Im Jahre 1740 hielt Albrecht Faecks den einen der beiden „kleinen Höfe im Barthschen Holz." Eines schönen Tages unterhielt sich seine Frau mit ihrem Dienstmädchen, der Tochter des Planitzer Tagelöhners Pruchtenow. Das Mädchen erzählte, dass im letzten Jahr ein Drache über dem Hause des Stadtbauern Gericke in Planitz bei Barth gesehen wurde. Aus Befangen sagte sie noch, ihr Vater hätte ihr dies erzählt.
Nun war Frau Faecks eine geborene Gericke und suchte schleunigst ihr Elternhaus auf, um dort von dem üblen Gerede zu berichten, das im Dorf umging. Vater Gericke eilte schnell zum Kämmereigericht und verklagte den Tagelöhner, denn er fühlte sich in seinem guten Ruf beschädigt. In der Verhandlung bestritt Pruchtenow, behauptet zu haben, dass der Drache in Gerickes Haus gezogen sei.

Die Schifferwiege in Wustrow »
S. 36/37 Schifferhaus in Zingst »

Er hätte bloß zu seiner Frau gesagt, dass ihm Peter Gottschalk erzählte, wie er von dem alten Planitzer Hirten erfuhr, dass er den Drachen in Alten-Planitz gesehen hat. Er konnte aber nicht beobachten, wo der Drache geblieben sei.

Darauf wurde die Sitzung aufgehoben, und das Gericht beschloss, den Stadtförster Peter Gottschalk und den Hirten Foide zu vernehmen. Am 28. September 1740 machte der Hirte Foide seine Aussage vor dem Kämmerreigericht. Als er im vergangenen Jahr in Neu-Planitz hütete, hätte er gesehen, wie der Drache über Alten-Planitz zog. Weil er nun auf dem reinen Felde gewesen war, sprach er zu sich: „Nun sollst du doch recht zusehen, wo der Drache herziehen wird." Aber ehe er sich's versah, war ihm, als hätte er mitten im Feuer gestanden, welches bald darauf wieder verschwand. Seine Glieder sind darauf gebrechlich geworden, so dass er einige Tage krank lag. Als er wieder gesund war, hatte er dem Verwalter und dem Förster Gottschalk erzählt, was er gesehen hatte. Der Förster bestätigte seine Aussage. Pruchtenow blieb bei seiner Behauptung und erklärte sich dann bereit, sich unter Eid zu reinigen. Pruchtenows Tochter aber sollte mit einer Stunde Gefängnis bestraft werden, und ihr Vater sollte sich vor Gericht mit Gericke und seiner Frau vertragen.

Iwan der Starke

In Starkow hat früher ein Riese mit dem Namen Iwan der Starke gewohnt, dessen Grabhügel noch auf dem Starkower Kirchhügel gezeigt worden ist. Das Grab des Riesen ist um mehrere Fuß größer gewesen als sonst ein Menschengrab. Iwan hatte einen Bund mit dem Teufel gemacht, dass dieser ihm alle Wünsche erfüllte; dafür hatte er ihm seine Seele verschrieben.

Eines Tages reitet Iwan im Höfder Holze und gerät mit seinem Pferd in den Sumpf; da zieht er flugs sein Buch heraus und ruft den Teufel, und als der erscheint, heißt er ihn sogleich einen Damm bauen, und dieser Damm ist noch bis auf den heutigen Tag erhalten und heißt der Düwelsdamm.

Geheimnisvolle Orte

Wie Wind und Wasser ständig neues Land gebären, kann man am Darsser Ort erleben. Man meint zu sehen, wie der Sand des Vorstrandes nach Nordosten wandert und sich am Darsser Ort ablegt. Das gewaltige Wirken der Natur wird hier deutlich. Die Halbinsel Darss-Zingst verändert sich auch heute noch. In früheren Zeiten soll sie eine Landverbindung mit der Insel Hiddensee gehabt haben, die durch zwei Sturmfluten wieder getrennt wurde. Einer alten Sage nach, entstand nach der ersten Sturmflut nur ein schmaler flacher Graben, in den man einen Pferdeschädel, eenen Pikopp, hineinlegte, um hinüberzuspringen. Die zweite Sturmflut vom 1. November 1304 trennte das Land dann so gewaltig, dass ein breiter Meeresstreifen zwischen Darss-Zingst und Hiddensee entstand.

Tangerort

Zwischen Dierhagen und Wustrow tritt das Land etwas weiter vor in die Binnensee und bildet einen Vorsprung, der mit Schilf und Rohr bewachsen ist. Dieser Haken heißt der Tangerort. In früheren Zeiten soll die Verbindung zwischen dort und der pommerschen Küste so schmal gewesen sein, dass man einen Eselskopf in die Rinne geworfen und darauf tretend die Wasserrinne überschreiten konnte.

S. 40/41 Im Darsswald »

Der Untergang von Vineta

Viele Sagen rankten sich um die schillernde Stadt Vineta. So verschieden die Geschichten um sie auch sind, immer geht es um eine bedeutende Handelsstadt, die durch Habgier und Verschwendungssucht ihrer Bewohner von einer Sturmflut überrascht wird und untergeht. Dass es eine große Handelsstadt an der Ostseeküste gab, die im Jahre 1000 in vollster Blüte stand, ist unbestritten. An mehreren Orten wird aber ihre einstige Existenz vermutet, auch vor der Stadt Barth. Überreste wurden jedoch noch nicht geborgen, und so bleibt Vineta in den Tiefen des Meeres.

Vineta war einst die größte Stadt an der Küste. Im Hafen lagen Hunderte Schiffe, welche bis nach Konstantinopel fuhren, um die schönsten edelsten Waren zu holen. Die Tore der Stadt waren aus Erz, ihre Glocken aus purem Silber, die Häuser glichen kleinen Palästen. Viele Kaufleute aus fremden Ländern weilten hier, um ihre Waren feilzubieten. Aber je reicher und wohlhabender die Bürger wurden, desto mehr fanden Stolz, Hochmut und Habgier ihren Eingang. Verschwenderisch wurden die Bürger.

Sie tranken den Wein nur noch aus goldenen Bechern, ließen ihre Pferde mit Gold und Silber beschlagen, und selbst den Schweinen schütteten sie das Futter in goldene Tröge. Löcher in den Hauswänden verstopften die Hochmütigen mit Brot. So lebten sie in Saus und Braus und schlugen Warnungen bedächtiger Leute in den Wind.

Da brach in einer stürmischen Novembernacht das Strafgericht über die Stadt herein. Eine furchtbare Sturmflut tobte, die Wellen brandeten gegen die Mauer und begruben schließlich alles unter sich. Kein einziger Bewohner Vinetas entrann dem Verderben. So versank Vineta in den Fluten. Die Trümmer der Stadt aber ruhen noch heute auf dem Meeresgrund, und wenn man über die stille Tiefe fährt, kann man das Sturmläuten der Glocken hören.

Der Steinort in der Ribnitzer Binnensee

In der Ribnitzer Binnensee sollen eine Unmenge großer Steine liegen. Viele wurden von den Fischern heraufgezogen, weil sie das Fahrwasser unsicher machten. Einer alten Sage nach hat ein Mecklenburger Herzog die Steine versenken lassen, weil die Stadt Ribnitz ihm nicht wohl gesonnen war, und er deshalb den Rostocker Hafen bevorzugte.

Der Trebbin

Der Trebbin war früher eine einseitig bebaute Vorstadtstraße von Barth, an deren Ende der Schützenplatz lag. Aufgrund bestimmter Aussagen, die als Hexen verurteilte Frauen vor mehr als 300 Jahren nach Angaben der Hexenprozessakten machten, kann man annehmen, dass dort an der Stelle, wo jetzt der Trebbin liegt, eine wendische Opferstätte gewesen ist. Auf dem Trebbin befand sich die so genannte Hundekirche, die 1662 unter diesem Namen angeführt wird.

Der Vogelsang bei Barth

Westlich von der Stadt Barth, am rechten Ufer der Barthe, liegt ein sandiger, mit Ginster und Buschwerk bestandener Hügel, das ist der „Vogelsang". Nirgendwo in der Gegend gibt es so viele Vögel und sonstiges Getier als im Vogelsang, und im Sommer und Herbst bildet er mit seinen Schluchten, Tälern und Verstecken seit alter Zeit einen beliebten Tummelplatz für die Jugend. In früheren Jahrhunderten soll auf dem Vogelsang ein Ausguck gewesen sein, auf dem ein

Wächter, der meistens auf einem hohen Baum saß, ständig nach Feinden Ausschau hielt. Es war in der Zeit, als die Dänen mit ihren schnellen Schiffen über die Ostsee kamen und die Insel Rügen und die pommerschen Küstengebiete brandschatzten und plünderten (im 12. Jahrhundert). Wenn sie bei diesen Plünderungen durch den Prerowstrom fuhren und in den Barther Bodden kamen, erspähte sie der Wächter auf dem Vogelsang und gab dann den umliegenden Ortschaften durch Hornruf und durch Anzünden einer Barke ein Zeichen, dass sie rechtzeitig flüchten konnten.

Damals lag in der Nähe des Vogelsangs auch noch eine Ansiedlung, die aber seit vielen Jahren nicht mehr besteht. Noch heute heißt die Stelle „de Dörpstäd."

Die weiße Frau vom Donnerberg

Wie groß die Sehnsucht der Menschen in den langen harten Wintern nach dem Frühling ist, kommt in folgender Sage zum Ausdruck:

Östlich der Stadt Barth befindet sich der Donnerberg, von welchem aus sich dem Betrachter ein malerischer Blick auf den Bodden und die Stadt öffnet. In jedem Frühling steigt aus dem Donnerberg eine wunderschöne weißgekleidete Frau mit langem, wallendem blondem Haar empor. Langsam kommt sie von dort oben herunter. Unter ihren Schritten beginnen die Blumen aus der Erde zu sprießen, und die Vögel fangen an zu zwitschern. Sie geht bis zum Schützenplatz, kehrt zum Donnerberg zurück und verschwindet wieder darin.

Die alte Burg Löbnitz

Nicht weit von Löbnitz am Ufer der Barthe liegt ein kleiner mit zahlreichen Haselbüschen bestandener Eichenwald. An seinem nördlichen Ende liegt ein alter Burgwall, der von allerlei zauberischem Gestrüpp wie Kreuzdorn und Hagedorn, Holunder und Alfranke, Nessel und Nachtschatten umgeben ist. Gegenüber der Wallung, auf der entgegengesetzten Seite der Barthe, liegt unweit von Wobbelkow ein bemoostes Hügelgrab, von dessen Gipfel aus man weit bis zur Stadt Barth blicken kann.

Das Wäldchen wird im Volksmund „Zur alten Burg" genannt. Spuken soll es hier, und die Leute erzählen von manchen wundersamen Dingen, die hier geschahen.

Auf der Burg, die einst auf dem Burgwall gestanden hat, hat vor vielen Jahren ein prächtiger, stolzer Edelmann gehaust, dem außer Löbnitz auch Dievitz und Wobbelkow und viele Güter auf der Insel Rügen gehört haben. Er war so steinreich, dass der Steigbügel am Sattel seines Reitpferdes golden und der Zaum mit Juwelen besetzt war.

Aber er war auch ein gefürchteter Mädchenjäger, der viele hübsche Mädchen weg fing, um sie auf seine Burg im Walde zu schleppen und dort zu verstecken.

In der Moskowiterzeit ging sein Reichtum zugrunde, und seine Burg wurde von einem Blitzschlag zerstört; nur ein Trümmerhaufen ist übrig geblieben von der einstigen Herrlichkeit, in welchem Füchse, Marder und Eulen hausen.

Dicht neben der Burg steht eine alte Eiche, die vor Jahren von einem Blitz gespalten wurde. Dort flattern und schreien, während es sonst lautlos still im Walde ist, Spatzen, Zeisige und Meisen am Tage so laut, dass man sein eigenes Wort nicht hören kann, und des Nachts treffen sich Eulen, Krähen und Raben zum Gesang, dass einem die Haare zu Berge stehen.

Die Füchse kommen dann aus ihren Löchern und heulen mit, und die Schlangen halten ihren Ringeltanz.

Auf einer abgestumpften Buche nahe der Burg horstet ein schwarzer Storch, der das ganze Vogelgefieder anführt. Viele Leute sagen, das sei der alte Edelmann selbst und sein Sohn, den er mit einer dem Sultan abgekauften Prinzessin gezeugt haben soll.

Gegen Sonnenuntergang sieht man den schwarzen Storch zwischen der Burg und dem Hügelgrab hin und her fliegen. Und manchmal sitzt er auf diesem Hügel und schaut nach der Stadt Barth hinüber.

Der Lägenstrom fordert seine Opfer

Die Recknitz, der ehemalige Grenzfluss zwischen Pommern und Mecklenburg, heißt in ihrem Unterlauf nahe der Mündung in den Ribnitzer Bodden, der Lägenstrom, auch „Lügenstrom" genannt.

Und in der Tat ist der Lägenstrom zuzeiten ein recht lügnerischer und trügerischer Geselle. Denn im Winter friert er selten zu, und wenn er zugefroren ist, so ist das Eis stets unsicher. Nicht selten fordert der Lägenstrom Winter für Winter seine Opfer. Trat ein solcher Unglücksfall ein, so pflegten die Leute zu sagen: „Ja, dat hewwen wi vörher wüßt, denn von'n Lägenstrom her het't all de letzten Abende immer Raupen!"

Kirche in Zingst »

Spukgeschichten

Ein Lieblingsgebiet der alten Leute sind die Spukgeschichten. Sie füllten, wie auch die Sagengeschichten die langen Winterabende in den Bauern- und Tagelöhnerhäusern aus. Man glaubte, dass die Seelen der Verstorbenen zur Mitternachtsstunde in sichtbarer Gestalt erscheinen würden, und wer es als Sterblicher wagte, ihnen zu begegnen, konnte froh sein, wenn er nur mit dem Schrecken davon kam. Gefürchtet waren vor allem Kreuzwege und bestimmte Orte, an denen es spukte. Tückische Irrlichter in der Nacht oder schnell vorbeihuschende Tiere waren ein sicheres Zeichen dafür, dass die Toten auf Wanderung waren. Die Seelen der Leute, die in ihrem Leben Unrecht getan hatten, kehrten oft als schreckliche Gestalten wieder, um die Leute zu ängstigen. Manche erscheinen des Nachts immer wieder am selben Ort oder gehen wieder und wieder den gleichen Weg, um ihre Untat, die sie dort verübten, zu büßen.

Der ewige Blüser von Wustrow

Wenn die Zeit des Aalfangs ist, bedienen sich die Fischer bekanntlich an ruhigen, stillen Sommerabenden der so genannten „Blüsefeuer", um die Aale damit anzulocken. Nun aber geschieht es oft, dass sich kein einziger Fischer auf dem Wasser befindet, und man dennoch ganz deutlich ein Blüsefeuer erblickt, oft stundenlang. Im Herbst, bei stürmischem Wetter soll sich dies auf der Ribnitzer Binnensee ereignen, und Körkwitzer Fischer versichern noch heute, dass sie ein Boot, welches pfeilschnell dahin zieht, beobachteten.

Neben dem Blüsefeuer soll ein schwarzer Pudel liegen. Ein Mensch wurde dabei noch nicht gesehen.

Der ewige Blüser bei Ribnitz

Vor vielen Jahren lebte auf der Halbinsel Wustrow ein Schneider, ein roher wüster Geselle, der seinen Beruf als Schneider aufgegeben hatte und seinen Lebensunterhalt durch Fischen erwarb.

Es war an einem Grünen Donnerstag. Da fuhr er abends zum Blüsen aus und fing auch bis Mitternacht eine Menge Aale. Aber nach Mitternacht wurde das Salzhaff unruhig und stürmisch. Die Leute sahen vom Ufer statt des einen Kahnes zwei, auch in dem zweiten Kahne flammte das Blüsenzeichen und darin stand mit drohender Gebärde ein Mann.

Sein Boot näherte sich mehr und mehr dem des Schneiders. Endlich versank alles plötzlich in der dunklen Nacht. Am anderen Morgen fand man das Fischerboot zerschellt am Strande.

Seitdem sieht man in stürmischen Nächten die ewige Blüse, ein kleines Boot, fahren und darin einen Mann stehen, gebückt mit gefalteten Händen.

Wenn ein Fischer sich dem Boot nähern will, so kann er es doch nicht erreichen. Einmal ist es einem Fischer gelungen, nahe heranzukommen, als plötzlich die Blüse sich gegen ihn kehrte und ihn verfolgte. Nur mit Mühe und die Nähe des Strandes machte es ihm möglich, zu entkommen, denn dorthin kann die ewige Blüse nicht folgen.

Seit der Zeit wagt keiner mehr, sich ihr zu nähern.

Der Wettlauf zwischen dem Witten und dem Swarten

Auf dem nicht weit von Barth entfernten Sundischen Berge hat früher eine Windmühle gestanden. Fürchterlich gespukt hat es dort, und der Müller hatte oft Mühe, einen neuen Gesellen zu finden.

Eines Tages kam aber ein Geselle vorbei, der meinte, wenn er nur die Gelegenheit hätte, mit dem Spuk wolle er es auf sich nehmen. In der Nacht, als er nicht schlafen konnte, weil er immer wieder an den Spuk denken musste, stand er aus dem Bett auf und hängte sich ein weißes Laken um. Dann ging er vor der Mühle ein Stück auf und ab, blickte hierhin und dorthin, wie er's im fahlen Licht des Mondes eben vermochte, und schließlich, als sich gar nichts rührte, rief er dreist: „Na, Spök, nu kumm !"

Plötzlich stand, wie aus der Erde gewachsen, eine unheimliche schwarze Gestalt neben ihm. Da fuhr dem Müllergesellen der Schreck in die Glieder. Er nahm Reißaus und lief, so schnell er konnte, aber der Schwarze folgte ihm. Der Müller, der auch auf der Mühle war, schaute von oben aus der Luke dem Wettlauf zu und rief ums andere mal: „Witt loop, de Swart kriegt di! Witt loop, de Swart kriegt di!" Das war aber auch nötig, denn der Schwarze war dem Weißen dicht auf den Fersen und holte ihn gerade bei der Mühle ein. Schon hatte der Geselle die Tür in der Hand, aber bevor er hineinschlüpfen konnte, bekam er eine derbe Ohrfeige, so dass ihm acht Tage lang davon der Kopf brummte. Gerufen aber hat er dann den Spuk nie wieder.

Die drei Eichen bei Hermannshagen-Heide

An der Dreiwegskreuzung, wo die Wege von Hermannshagen-Heide, Fuhlendorf und Barth zusammentreffen, standen früher drei große alte Eichen, bei denen war es nicht geheuer; spukhafte Tiere, ein Ohnkopf, ein Aufhocker und sonst noch allerlei Gespenster sind dort angetroffen worden. Die Leute aus der nächsten Umgebung wussten viele Spukgeschichten von den drei Eichen zu erzählen, dass zuletzt kein Mensch mehr bei Nachtzeit diese Stelle zu passieren wagte. Bald nach 1900 sind die drei Eichen durch junge Bäume ersetzt worden. Da war es mit dem Spuk vorbei.

Gespensterkutsche

In der Wiekstrasse zu Barth liegt ein kleines Haus, das in früheren Jahrhunderten als Gefängnis gedient haben soll. Während dieser Zeit soll darin ein Gefangener von seinem Wärter ermordet worden sein, und seit der Zeit geht dort der Spuk um. In gewissen Nächten rollt eine Kutsche durch die Stadt, biegt in die Wiekstrasse ein und hält vor dem ehemaligen Gefängnis. Aus der Kutsche steigt dann eine Dame in Trauerkleidung. Ihr folgt eine männliche Gestalt ohne Kopf. Der nächtliche Spuk soll mit der Mordtat in Verbindung stehen.

Das Totenhemd

In vergangenen Zeiten starb in Klockenhagen ein Kind, welches den Menschen nach seinem Tode immer wieder als Geist erschien. Man ließ den Pastor kommen, um den Geist zu befragen. Der Pastor fragte das Mädchen, weshalb es nicht ruhen könne. Das Mädchen antwortete, weil ihm nicht das Totenhemd angezogen wurde, welches es gerne tragen würde.

Sie bat den Pastor das Hemdchen abends auf dem Torpfosten vor dem Hof zu legen, damit sie es sich nachts holen könne. Der Pastor tat wie ihm geheißen, und das Mädchen erschien nicht wieder.

Spuk am Galgenberg

Am Galgenberg bei Barth erscheint um Mitternacht eine Jungfrau, die vor vielen Jahren dort hingerichtet sein soll. Sie kann im Grabe keine Ruhe finden und wartet noch immer auf ihre Erlösung, aber niemand weiß, auf welche Weise sie erlöst werden kann. Andere erzählen, sie wäre eine verwunschene Prinzessin, die sich dort nur in den Vollmondnächten zeigte. Wieder andere wollen sie in der Johannisnacht gesehen haben.

Die Schatzhüterin in der Seeräuberburg

Zwischen Prerow und Zingst lag vor der Sturmflut im Jahre 1872 eine hohe Düne, die Ellerbäk. Dort befand sich in alten Zeiten ein Kanal, der vom Meer aus zu einem kleinen Berg im Innern des Landes führte. Auf dem Berg aber lag eine Burg, in welcher der Seeräuber Störtebecker mit seinen Brüdern hauste.

Im Innern der Burg saß eine geraubte Jungfrau eingesperrt, die hier die Schätze der Bande hüten musste.

Bei einer Verfolgungsjagd entdeckten die Dänen den Schlupfwinkel der Seeräuber. Sie nahmen die Seeräuber gefangen und zerstörten die Burg; aber die Schätze und die Jungfrau fanden sie nicht. Die Schätze liegen noch heute in der Erde und werden von der Jungfrau bewacht. Nur einmal im Jahr kommt sie an die Oberwelt, das ist in der Johannisnacht; dann geht sie, einen Korb mit Wäsche tragend, am Kanal entlang bis zur Ellerbäk und wäscht ihre Wäsche im Meer.

Bei dieser Gelegenheit kann die Jungfrau erlöst werden. Wenn nämlich ein unverheirateter frommer Mann die Jungfrau in der Johannisnacht am Strande erblickt und sich ihr dann mit den Worten nähert: „Grüß Gott, liebe Jungfrau! Was schaffst du da?", so ist sie erlöst. Sie zeigt dem Mann, der sie erlöst hat, alle Schätze der Seeräuber und übergibt sich ihm zu eigen und macht ihn zu einem reichen und glücklichen Menschen. Wenn das geschehen ist, kann die Jungfrau sterben. Spricht der Junggeselle, der die nächtliche Wäscherin trifft, verkehrte Worte oder geht er stumm an ihr vorüber, so ringt sie weinend die Hände und geht traurig in ihr irdisches Gefängnis zurück. An der Stelle, wo der Kanal ins Meer mündet, sollen nach der Sturmflut von 1872 und ebenso 2 Jahre später noch einmal allerlei Gold- und Silbersachen gefunden worden sein. In dem Funde sahen die Leute die Wahrheit der alten Sage bestätigt.

Der Spuk in der Ellerbäk

Zwischen Zingst und Prerow liegt ein kleines Gehölz, die Ellerbäk genannt. Nachts scheuen Menschen und Tiere diese Gegend, denn spuken soll es hier. Das Schlimmste ist, dass der Spuk mit jedem Jahr einen Hahnenschrei näher an Prerow heranrückt. Vor vielen Jahren war der Spuk schon fast in dem Dorfe. Da hielten die Pastoren aus der Umgebung eine Beratung ab und losten untereinander, wer von ihnen dem unheimlichen Treiben ein Ende machen sollte. Der, den das Los getroffen hatte, ging nun des Nachts dem Spuk zu begegnen und wies ihm eine bestimmte Stelle in der Ellerbäk zum Aufenthalt zu. Der Geist sagte: „Wie lange soll ich noch wanken?" Der Pastor hätte nun darauf antworten müssen: „Solange, wie es Gott gefällt!" In seiner Aufregung aber gab er dem untätigen Geiste zur Antwort: „Auf ewig!" Daher treibt der Spuk in der Ellerbäk auch noch heute sein Unwesen, wie er es schon vor vielen Jahren getan hat.

Der Papenhof in Barth

Dicht hinter der Kirche zu Barth liegt der so genannte Papenhof, ein Gehöft, welches wegen seiner mannigfachen Spukgeschichten bekannt ist.

Manch Barther Bürger, der in der Geisterstunde an dem Gehöft vorüber gegangen ist, hat gesehen, wie ein übermäßig großer, schwarzer Pudelhund aus der Pforte des Papenhofes hervorkam, rund um die Kirche herumging und nach einiger Zeit wieder durch die verschlossene Pforte in dem Gehöfte verschwand.

Andere erzählen, dass sich in gewissen Nächten die Pforte des Gehöftes geräuschlos öffnet, und dass dann eine von zwei schwarzen Pferden gezogene, altmodische Kutsche von dem Hofe auf die Strasse fährt. In scharfem Trabe geht es durch die Baustrasse bis zum Fuße des Sundischen Berges, wo der Weg zum „Brunnen" rechts abbiegt. Wenn die Kutsche bis hierher gekommen ist, ist sie plötzlich verschwunden.

Von kühnen Seeräubern, Schmugglern und anderen wilden Kerlen

Bis 1826 verlief die Grenze zwischen Mecklenburg und Vorpommern südlich von Ahrenshoop. Zu dieser Zeit stand die Schiffsfahrt auf dem Darss in großer Blüte.

Allein in dem kleinen Ort Wustrow lebten damals bis zu fünfzig Kapitäne. Wustrow, Prerow und Zingst waren in vergangenen Zeiten bedeutende Schifferdörfer. Auf dem Prerower Friedhof findet man noch alte Schiffergräber, die vom Leben der Kapitäne zeugen.

Das mit Mecklenburg durch eine äußerst schmale Landenge verbundene und vom Meer umflossene pommersche Gebiet bot auch dem Schmuggelhandel denkbar günstige Möglichkeiten.

Unter den Schmugglern waren die Einwohner von Wiek berühmt und berüchtigt. In dunklen, stürmischen Nächten herrschte zwischen beiden Ländern ein emsiges Treiben. Mit dem Boot, zu Pferde oder im Winter mit dem Schlitten, manchmal sogar zu Fuß, kamen und gingen die Schmuggler.

Die Darsser segelten nach Ribnitz, kauften hier in großen Mengen Kaffee und Zucker, Baumwollwaren, Rum, Salz und Sirup. In stockdunklen Nächten, meist bei Regen und Sturm, wurde die Heimfahrt angetreten. Gefährlich war es, das Boot sicher über alle Untiefen zu bringen. Schon unterwegs wurden die Waren abgesetzt oder in geheimen, auch unterirdischen Lagern versteckt und nach und nach verkauft.

Neben dem Schmuggel nutzten die Darsser auch das Strandrecht, um an Waren zu kommen.

Alte Grabsteine auf dem Prerower Friedhof erzählen vom Leben der Kapitäne **»**

Von Zeiten ohne Strandrecht

In früheren Jahrhunderten, als noch keine Leuchtfeuer an den Küsten der Ostseeländer blinkten, gab es mehr Schiffsstrandungen als heutzutage. Die Güter der gestrandeten Schiffe waren damals, zu Zeiten ohne geregeltes Strandrecht, den Bewohnern der Küstendörfer eine willkommene Beute. Auch das alten Kirchengebet „Der Herr segne den Strand" soll häufig bewusst so gedeutet worden sein, dass damit nicht reicher Fischzug, sondern gestrandete Schiffe gemeint seien. Einige Küstengegenden galten als besonders verrufen. Man sagte ihnen nach, sie würden bei stürmischer Witterung allerlei Trugmittel anwenden, um die überfahrenden Schiffe zum Strand zu locken. Von den ehemaligen Bewohnern der Halbinsel Darss heißt es, sie hätten einer Kuh eine Laterne an den Schwanz gebunden und das Tier dann während der Nachtzeit am Strand auf- und abgetrieben, um die Schiffe vom Kurs abzubringen und auf Grund fahren zu lassen.

Klaus Störtebecker und Gödeke Michael

Gegen Ende des 14. Jahrhunderts hauste auf der Ostsee lange Zeit eine Bande von Seeräubern, welche sich die Vitalienbrüder nannten. Ihre Anführer waren die berüchtigten Seeräuber Klaus Störtebecker und Gödecke Michael. Störtebecker soll aus Barth gebürtig gewesen sein, sein Kamerad Gödeke Michael aus Michaelsdorf. Über dreißig Jahre lang machten sie die Ostsee unsicher. Durch die Sage wurde Störtebecker zum Volkshelden, denn er kämpfte unerschrocken und tapfer und teilte die Beute gerecht unter seinen Brüdern.

Auf der Halbinsel Darss sollen die Vitalienbrüder ihr Raubnest in der Hertesburg bei Prerow gehabt haben.

Die Anlage der Burg stammt aus vorgeschichtlicher Zeit und wird von den Darssern „dat olle Slatt" genannt.

Die Wälle kann man heute noch sehen und auch Spuren von dem einstigen Seedurchbruch rechts der Burg, von dem die Seeräuber zur Burg gelangten. Von der Hertesburg aus lockten die Vitalienbrüder Schiffe durch Irrlichter an den Strand, um sie zu überfallen. Die Beute wurde unter den Brüdern zu gleichen Teilen aufgeteilt. Zuletzt haben die Lübecker die Burg erobert und zerstört. Unweit des Prerowstromes, auf der Darsser Seite, heißt der Ort, an dem die Lübecker ihr Lager hatten, noch bis in unsere Tage Lübeck-Ort.

Störtebeckers Schiffe lagen im Ribnitzer Hafen, und von der Klosterkirche aus ließ er einen unterirdischen Gang bis zum Rostocker Tor graben. Diesen nutzten die Vitalienbrüder bei Gefahr.

Einmal gerieten sie in Ribnitz in eine brenzlige Situation durch Verrat des Seemanns Witt. Dieser wurde von den Stralsundern "gekauft", um die Ruderösen Störtebeckers' Flotte mit Blei auszugießen und manövrierunfähig zu machen. Die Vitalienbrüder bemerkten den Verrat und flüchteten über die Ribnitzer Stadtwiesen.

In einer dunklen Nacht kam einmal der Seeräuberhauptmann Störtbecker zu Schiff in seine Barther Heimat gefahren und brachte eine schöne, junge Gräfin aus dem Norden mit, die er oben geraubt hatte, und die er sich hier in der Heimat antrauen lassen wollte. Unbemerkt fuhr er mit ihr die Barthe aufwärts und brachte sie schließlich in die Kenzer Kirche. Dann weckte er den Pastor und Küster und ließ sich mit seiner schönen Gefangenen trauen, worauf er noch in derselben Nacht auf dem Schiffe wieder davon fuhr.

So manches auf dem Fischland erinnert noch an die Zeiten, als Störtebecker übers Meer zog. So soll er dann bei Ahrenshoop (früher Ahrendshop) eine Brücke ins Meer gebaut haben, und der Wustrower Hafen, der früher am Außenstrand lag, soll "Störtebeckers Hafen" geheißen haben. S. 60-61 Der Prerowstrom bei der Hertesburg.

Hier sollen Störtebecker und seine Brüder ihren Unterschlupf gehabt haben. **»**

Von Michael Gödekes Kampf gegen die Fluten

Von Störtebeckers Gefährten Michael Gödeke war schon die Rede. Der Gödeke, der als Steuermann gemeinsam mit Klaus Störtebecker so manche Piratenfahrt auf der Ostsee unternahm, war als Gottfried Hinrich Jürgen Borgwardt am 22. Oktober 1401, genannt Gödeke Michael in Michaelsdorf, am Saaler Bodden geboren.
Wie er in einem Kampf gegen die Sturmflut mit dem Leben davonkam, berichtet folgende Geschichte:

Man schrieb das Jahr 1389. Der Rigafahrer Daniel Jochen Langhinrichs kam im Dienst des Rostocker Kaufherrn Karkhoff mit großer Ladung aus der Binnensee durch den Saaler Bodden hoch gekreuzt. Er hatte die gefährlichen Borner und Neuendorfer Bülten hinter sich und segelte vor Südsüdostwind in den Windschutz des Eichorts hinein. Vom Darss herüber leuchteten in der Maienmorgensonne die weißen Häuser Borns vor den grünen Waldungen auf. Da rasselten die Ankerketten durch die Klüsen in den Grund. Das stolze Kauffahrtsschiff schwebte vor dem Wind, und dann löste sich das große Beiboot von dem Segler und führte vor der großen Reise noch einmal die seebefahrenen Männer nach Hause, denn die Mannschaft von Kapitän Langhinrichs kam aus seinem Heimatdorf, aus den großen Seefahrersippen der Scheels und Nehls, der Borgwardts und der Köpckes, der Vossens und der Wiedemanns. Frau Ilsabe Langhinrichs war übergücklich, als sie ihren Mann in den Armen hielt. Nur ein Wermutstropfen fiel in den Freudenbecher. Ihr Ältester hatte als Steuermann an Bord bleiben müssen, er war von Rechts wegen dran mit der Wache, und davon konnten ihn weder Vater noch Mutter, weder Heimat noch Familie lossprechen. Aber sein jüngster Bruder wollte es sich nicht nehmen lassen, den älteren vor der Fahrt ins Moskowiterreich zu begrüßen.

So ruderte er mit seinem Freunde Gödeke hinüber, und dann gab es bald ein Plauschen und Snacken, ein Lachen und Klöhnen und einen heftigen Umtrunk in der großen Kajüte, wo die Kojen von Vater und Sohn übereinander lagen und die Loggbücher und Schiffspapiere, aber auch die Rostocker Goldgulden und Silbertaler in der großen Eisentruhe rechts neben dem klobigen Eichentisch ruhten.

Als Gödeke einmal nach draußen ging, fiel ihm auf, dass die Möwen Land zu jagten. Die See war glatt, aber der Koppelstrom lief stark nach Süd. Er mahnte zum Aufbruch, aber die Brüder konnten sich nicht trennen. Dann wisperten die ersten Winde plötzlich durch die Takelage. Leichte Wellen gluckerten kurz und abgehackt um die Eichenbohlen der Schiffswände, und plötzlich stürzte sich die erste Fallböe wie ein riesiger Seeadler mit angelegten Schwingen auf das Schiff. Der Wind sprang, sich ungeheuerlich schnell aufnehmend, auf Ostnordost. Der Himmel wurde blau und schwefelgelb. Die Sonne verkroch sich hinter der wilden Wohld. Hagelschauer trommelten über das wie wild vor den Ankern reitende Schiff. Bald hatte der volle Sturm es gepackt.

In den Dünen standen die Michaelsdorfer Kopf bei Kopf, die Männer in ihren Transtiefeln, den breitkrempigen Hut oder die Pudelmütze auf dem Kopf, die Frauen in dicken, wollenen Umschlagtüchern, aus deren Fransen das Wasser tropfte.

Auf der Hohen Düne hatten sie ein mächtiges Feuer angefacht. Das leuchtete weit in die wilde greifende See hinaus. Da sahen sie, wie die Kogge trieb. Die Trossen waren gesprengt; dann türmte sich der weiße Gischt hoch am Heck auf. Da wussten sie; das Schiff saß auf den Untiefen vor dem Eichort fest, und die grobe See hämmerte mit ihren Prankenschlägen gegen Bohlen und Planken.

So verging die Nacht, und so verging im Orkan der folgende Tag. Vergeblich mühten sich die schweren Fischerboote, durch die Brandung vorzustoßen. Höhnend jagte die See sie zurück. Da faltete um die sechste Stunde, als auch der letzte Versuch gescheitert war, der alte Langhinrichs die Hände und weinte bitterlich. Neben ihm knieten sie alle, die rauen Seefahrer, Fischer und Schiffer. Die Frauen schluchzten. In dieser Nacht wurde Frau Ilsabe Langhinrichs, trotzdem sie noch keine 50 Jahre alt war, grau und bekam das Zittern in den Gliedern, das sie nie wieder verlassen sollte.

Als das Feuer auf der Hohen Düne in der Nacht einmal besonders hell aufleuchtete, sahen die Betenden, dass die Schaumkämme über das Deck dahinbrandeten. Das Schicksal hatte gesprochen. Kein Mensch aber ging nach Hause.

In den Morgenstunden ging noch immer die rauhe See in hohen Bülgen. Da begann die Mutter der beiden Söhne plötzlich immerfort zu schreien und nach ihren Jungen zu rufen. Sie brachten die Weinende nach Hause. Dann gingen sie alle langsam, wortlos auseinander. Und dennoch gab es noch ein Wunder. Mit einem mächtigen Balken, an den sie sich klammerten, waren Hans Langhinrichs und Gödeke über Bord gerissen, als die Nacht sich schwärzer und schwärzer senkte. Sie waren die letzten Lebenden an Deck gewesen. Mit ihren Lederriemen verknoteten sie sich an der dicken Eichenstrebe, mit der linken Hand klammerte sich Gödeke an das schwimmende Holz, mit der Rechten zog er den Freund auf die vielleicht rettende Bohle.

Der Sturm trieb sie durch den Koppelstrom nach Norden am Rehder Ort vorbei. Dann griff sie der Strom und nahm sie ostwärts mit fort. Die Stunden verliefen nur ganz langsam. Das Gesicht von Hans Langhinrichs wurde bleicher und bleicher. Der Lederriemen, der ihn hielt, riß, durch den schwächer und schwächer Werdenden überlastet. Gödeke zog und schob ihn rittlings auf die Planke. Aber der Nadelstrom griff ihre Bohle jetzt und trieb sie ostwärts weiter. Der Jägerbülten zu ihrer Rechten war ein selbst in dieser dunklen Nacht leuchtender Berg aus Schaumflocken und Gischt. Über ihm stand eine schwere, polternde See. Da sah Gödeke, wie Hans langsam die

Finger löste. Noch einmal griff Gödeke zu, den Freund zu halten. Er packte das Hemd des anderen an der Schulter. Aber jener schickte sich schon an, auf die große Reise ohne Wiederkehr zu gehen. Sein blonder Kopf sank auf die Seite. Die Finger streckten sich. Dann glitt er, als die nächste Böe die See aufwühlte und sie überfiel, herab. Als die Eichenplanke wieder auftauchte, hing Gödeke allein an ihr.

Wie lange er trieb, wusste er nicht. Wie mit Eisenklammern hielt er die Bohle in den Armen und Beinen umkrampft. Als er einmal die vom Salzwasser fast blind und wund geschlagenen Augen hob, sah er zu seiner Rechten ein fernes Licht durch das Grausen der Nacht herüber scheinen. Das musste Bodstedt sein. Die Planke trieb mit dem von Nadelort südostwärst laufenden Strom dem Dorf zu. Immer heller und heller schimmerte der Schein vom Festland zu ihm herüber. Da wusste Gödeke, dass ihn sein Schicksal vor eine große, ungeheure Entscheidung über sein Leben und Sterben bald stellen würde. Trieb er in den großen Bodstedter Bodden hinaus, dann gab es keine Rettung. Bald schien es ihm, als wenn die Planke langsam den Kurs Nordnordost in das freie Wasser nahm. In diesem Augenblick der Angst fiel ihm das Gesicht seines Mädchens ein und er ließ die Bohle fahren. Die See schlug über ihn zusammen, aber er wollte sich nicht ergeben. Mit verkrampften Stößen schwamm er dem Licht zu. Wie lange er schwamm, wusste er nicht. Alle Augenblicke schlug ihm das Wasser in den Mund hinein. Endlich ließ auch er den Kopf sinken. Als er sich noch einmal aufbäumte gegen die See, die ihn hinabziehen wollte, umgab ihn tiefe Nacht, das Licht drüben war erloschen. Aber unter seinen Füßen spürte er die vor dem alten Fischerdorf in den Bodden verlandeten Untiefen. Er war gerettet! Wie ein Meeriese torkelte er, bis zur Brust, dann bis zu den Hüften umgischtet und umwühlt, dem Lande zu. Auf der ersten Schwelle eines Fischerhauses brach er dann zusammen. Sein Hünenleib polterte gegen die eschene Doppeltür.

Die Hohe Düne bei Pramort **»**

Vom Strandrecht

In alter Zeit war das Fischland eine Insel. Zwei Ausflüsse des Boddens trennten es vom Darss und von der mecklenburgischen Küste. Vom Bodden aus konnte man direkt auf das Meer fahren. Der Prerowstrom ist heute zum Meer abgeschlossen. Wie überall an der Ostsee gab es ein ungeschriebenes Gesetz des Strandrechtes der Bevölkerung des jeweiligen Ortes. Wenn ein Schiff gestrandet oder vor der Küste gekentert war, dann ließen die Menschen alles stehen und liegen, um das angeschwemmte Gut zu bergen.

So geschah es auch am Heiligabend des Jahres 1931, als der Dampfer „Helene" aus Kiel auf das Riff vor Darsser Ort gelaufen war. Die Mannschaft konnte geborgen werden. Das Schiff lag aber quer zur See, und die Brecher schlugen bald die Luken ein. Und nun floss der wahre Segen an Land, wie ihn die Menschen in solcher Fülle noch nie am Darsser Strand gesehen hatten. Das Schiff hatte eine Margarineladung von zweihundertfünfzig Zentnern an Bord, gute Sanella. Die wurde nun an Land gespült. So entstand ein kilometerlanger und meterbreiter Streifen von Margarinewürfeln, untermischt mit vielen anderen guten Waren. Dazwischen standen ganze Butterfässer. Viele Steine und Seetang waren nun mit Fettklumpen verziert. Fässer mit Wein und Rum kamen zur Freude der bergenden Schiffer angeschwommen. Der sonst so einsame Weststrand bot das Bild eines Volksfestes. Hunderte von Menschen schleppten Kisten und Säcke mit Konserven, Kognak, die Fässer wurden angestochen, und es gab ein tolles Gelage. Die Menschen tanzten und sangen und trotz der winterlichen Kälte herrschte eine ausgelassene Stimmung. Da die Versicherung alle angeschlagenen Sachen der Bevölkerung freigab, konnten sich viele mit guten Dingen versehen. Es war im wahrsten Sinne des Wortes eine richtige Weihnachtsbescherung. Im Volksmund ging diese Strandung als „Dat Boddergriepen" ein.

Leuchtturm Darsser Ort »

68

Der blanke Hans

Sturmfluten erlebten die Menschen der Halbinsel Fischland, Darss und Zingst in den zurückliegenden Jahrhunderten immer wieder. Das war stets ihre große Sorge. Vor dem „groten Water" hatten und haben sie auch heute noch Respekt. Die ersten Sturmfluten soll es im Jahre 1044 und 1309 sowie 1505 gegeben haben. Im 17. Jahrhundert sind mehrere Sturmhochwasser angegeben wie in den Jahren 1625, 1685, 1690, 1693, 1697, 1730, 1742 usw. Eine der größten Sturmfluten war im Jahre 1872. Damals war das Wasser auf zwei Meter über die Normalhöhe angestiegen und 40 Stunden lang stehen geblieben. Nach der großen Sturmflut von 1872 wurde der Prerowstrom, der zuvor die Boddengewässer mit der Ostsee verband, sicherheitshalber geschlossen, und es folgten Deichbauprogramme.

Im Jahre 1904 wurden die Vordünen weggerissen und der Deich bei der Ellerbäk östlich von Prerow in zweihundert Meter Breite durchbrochen. Auch bei der Sturmflut im Jahre 1954 sind große Teile vom Weststrand des Darsses abgerissen worden. In zwanzig Jahren hatte das Meer 85 Meter von der Küste abgetragen, bei den Sturmfluten in den Jahren 1949 und 1954 war das Wasser um 1.70 Meter über Normalnull angestiegen, am Vordarss hatte es das Land überflutet und war in den Bodden geflossen. Die Boddendörfer lagen teilweise nur 40 oder 60 Zentimeter über Normalnull. Allein für 14 Boddendörfer bestand die Gefahr einer Überflutung. Deich- und Dammbauten begannen. Doch auch nach dem Sturmhochwasser im Jahre 1968 waren an sieben Stellen die Dünen durchgebrochen und 40 Hektar Wald standen unter Wasser und auf einer Länge von 22 Kilometern waren etwa 330 000 Kubikmeter Sand weggerissen worden. Immer wieder neue Dünenbauten und -bepflanzungen sowie Deichbauten folgten, aber die Sorge um Überflutungen und Deichbrüchen ist bis in die Gegenwart geblieben. Schon die Erzählungen der älteren Generationen von den Ausmaßen der Schäden für Tiere, Menschen und Landschaft, die bei den Sturmfluten entstanden waren, bestimmen auch heute noch das Leben der Bevölkerung in diesem Landstrich. Jahr für Jahr bringen vor allem die Herbststürme und die von Nordwesten und Nordosten kommenden Stürme in den Wintermonaten Verwüstungen mit sich, werden Teile der Dünen abgebrochen und steigen die Wasserstände in den Boddengewässern.

Hier ein Bericht von der größten Sturmflut, die dieser Landstrich bisher erlebt hat: Man schrieb das Jahr 1872. Gestern am 13. November hat das Wasser Wieck und Prerow überspielt und auf der Insel Gr. Kirr vor Zingst ist alles Vieh umgekommen, so schnell kam der blanke Hans, und auf der Sundischen Wiese ist der Pächter mit Frau und Kind und Haus und Hof und Acker und Vieh fortgespült – und die Oie und Born sind von der Bildfläche verschwunden. Am Darsser Ort steht die See weit in den Hohen Wohld, bloß der Leuchtturm ragt aus dem Wasser...

Und immer wilder ward der Brunftschrei des Sturmes. Das Barther Stadtholz und den Fuhlendorfer Wald durchtost er röhrend, er knickte die hohe Föhren in der Diwitzer Forst und brach zweien von den 12 Apostelbuchen im Saaler Busch die Krone aus. Er schickte die Bretter und Balken der Dierlingschen Werft zu Damgarten auf die Reise und setzte einen schwedischen Schoner auf das Bollwerk von Stralsund. Immer weiter floh die See vor dem unheimlichen Freier in die Schlupfwinkel des Bodstedter und des Saaler Boddens. Land Rügen und Hiddensee suchten sie heim.

Auf dem Fischland, der „hilligen Insel" stieg die Gehetzte neben dem Ahrenshooper Steilufer über die Weiden und Koppeln brüllend und schäumend in die Ribnitzer Binnensee hinüber. Da rührten sich dann sogar die Grundwasser im Dierhägen und im Körkwitzer Moor, im Schwinkelsmoor und im Freesenbusch und stiegen empor, der riesigen Schwester zu helfen..."

Westlich von Wustrow, wo die Recknitz einst ins Meer mündete, erstreckte sich in alten Zeiten noch ein „Afloop", ein alter Kanal, der hieß „Störtebeckers Deep" und ist inzwischen versandet.

Nach einer alten Überlieferung hat Störtebecker im großen Triensee bei Barth eine goldene Kette versenkt, welche so lang gewesen sein soll, dass man das alte Hamburg damit hätte umspannen können.

Der Seeräuber Eseborn

Herzog Wartislav X.(gest. 1478) war ein tapferer Edelmann, der das Land seiner Untertanen vor Räubern und Schnapphähnen schützte. Die Räuber waren verjagt, und er sagte zu den Bauern, sie sollten ihre Pferde und Kühe vor den Wölfen hüten. Zu jener Zeit trieb der aus Barth stammende Seeräuber Eseborn sein Unwesen. Um damit seine Bande zu versorgen, stahl er auf Zingst den Bauern und auch dem herzoglichen Ackerhofe Ochsen und Speck.

Diese Untat hat der Herzog dem Seeräuber wohl sieben Jahre nachgetragen, und als Eseborn glaubte, es wäre inzwischen vergessen, ging er wieder ins Land. Da aber geschah es, dass er dem Herzog bei Pruchten begegnete.

Der Herzog sagte: „Eseborn, treffen wir uns hier wieder? Warum hast du mir und meinen Leuten die Ochsen und den Speck genommen?" Da erschrak Eseborn und antwortete: „Gnädiger Herr, es war doch damals Fehde." Der Herzog aber sprach: „Es ist noch immer kein Friede zwischen uns, darum müssen wir davon reden. Du musst es mit dem Kragen bezahlen!" Eseborn sprach: „Ich hoffe nicht. Geschieht mir ein Leid, so habe ich Freundschaft genug, die es wohl rächen wird." Nun hatte der Herzog einen Hundestrick im Ärmel, den er hervorzog, machte eine Schleife dran und sagte: „Kiek my in das Loch! Ick mag my myner Fründschaft vördregen, aß ick khan!" Mit diesen Worten hat er ihm das Seil um den Hals geworfen und ihn auf den Klepper gesetzt; dann hat er das Seil um einen Baum knüpfen und den Klepper

mit der Peitsche antreiben lassen, dass er unter ihm weglaufen musste. So ist Eseborn an dem Baum hängen geblieben.

Drei hohe Häupter auf dem Darss

Zur Zeit der Belagerung von Stralsund verließen einmal die Kaiser
Peter der Große von Russland, der König August von Polen und der
König Friedrich IV. von Dänemark auf einige Zeit die Belagerung, um
sich auf dem Darss mit der Jagd zu vergnügen. Sie nahmen Quartier
in dem Jagdhause zu Born, und es gefiel ihnen so gut, dass sie schon
über vierzehn Tage verweilt hatten und wahrscheinlich noch länger
geblieben wären, wären sie nicht in große Gefahr geraten. Der König
Stanislaus Leszeynski nämlich, der zur selben Zeit in Stralsund
kommandierte, hatte die Nachricht bekommen, dass die drei hohen
Häupter sorglos und ohne alle Bedeckung in Born seien und nur an
die Jagd dächten. Er ließ daher ganz in der Stille vierzig Reiter von
Rügen nach Pram-Ort übersetzen mit dem Befehl, die Monarchen
des Nachts in ihren Betten zu Born zu überfallen und gefangen nach
Stralsund einzubringen. Die Reiter landeten auch glücklich auf dem
Zingst und jagten nun im vollen Galopp nach Born zu. Als sie aber an
den Prerowstrom kamen, erblickte sie von ungefähr ein Darsser. Der
merkte, was sie vorhaben könnten und warf sich geschwind auf ein
Ross, um die Monarchen von der Gefahr zu benachrichtigen. Diese
verließen darauf in größter Eile und Verwirrung ihre Betten und
bestiegen ein kleines Boot, auf welchem sie glücklich entkamen, so
dass die schwedischen Reiter, als sie zu Born anlangten, ein leeres
Nest fanden. Man sagt, Stanislaus Leszeynski sei selbst mit den vierzig Reitern dabei gewesen. Nach einigen soll sogar Karl XII. an ihrer
Spitze gewesen sein, was aber wohl nicht möglich ist, denn Karl kam
erst am 22. November 1714 von Bender vor Stralsund an, und damals
war Peter der Große nicht mehr bei der Belagerung.

Das Darsser Recht

Auf dem Darss lebte vor 80 Jahren der alte Schiffskapitän Parow, der, als er nicht mehr zur See ging, Gemeindevorsteher wurde. Er war ein richtig oller Seebär, und man sah ihm Ruhm und Behäbigkeit an. Parow hatte seine eigene Art, sein Amt als Gemeindevorsteher auszuüben.

Eines Tages kommen zwei junge Kerle zu ihm, die sich in der Nacht geprügelt hatten, und suchten Recht bei Parow, um ihren Streit zu beenden. Parow lässt erst den einen, dann den anderen erzählen, wie die Sache vor sich ging. Dann langte er das Tauende von der Wand herunter und verabreichte jedem der beiden eine gehörige Tracht Prügel. „Dat ist dat Darsser Recht!" pflegte Parow zu sagen, wenn ihm jemand wegen seiner Eigenmächtigkeit Vorhaltungen machen wollte. „Un solang dat regiert, geht allens sinen goden Gang." Auch als sprichwörtliche Redensart kann man an der Küste Vorpommerns das Wort hören: „Dat is Darsser Recht!"" sagt der Kapitän zum Matrosen, nachdem er ihm eine gelangt hatte.

Die Barther und der Ritter Alkun

Vor vielen, vielen Jahren waren die Bewohner der Stadt Barth in großer Not. Die Brunnen in der Stadt gaben nur spärlich Wasser, und in Zeiten der Trockenheit war aus ihnen kaum ein Topf Wasser zu holen. Und doch war in der Nähe der Stadt - am Fuße der Burg des Ritter Alkun - eine Quelle, aus der es schier unerschöpflich sprudelte.

Dieses Wasser war ausgezeichnet und besonders zum Bierbrauen geeignet, so dass man im ganzen Land das vortreffliche Barther Bier rühmte:

Drinkst du in Pommern
mien Fründ, ick rad di sere:
dat Bier mutt jo ut Barthe sein,
smeckt bäter as de rihnsche Wien!

Viele Jahre nutzten die Barther das frische Quellwasser, bis eines
Tages der Ritter Alkun, der in der Burg bei den Sundischen Bergen
lebte, darauf kam, dass die begehrte Quelle ja auf seinem Grund
und Boden lag. Umgehend ließ er dem Rat der Stadt eine Forderung
auf tausend Gulden jährlicher Bezahlung für die Benutzung seiner Quelle überbringen, andernfalls er den Zugang zu ihr von seinen Waffenknechten sperren ließe. Das kam den Stadtvätern sehr
ungelegen. Wie sollten sie in jedem Jahr diese große Summe auf-
bringen? Vielleicht durch neue Steuern, aber nein, dazu wären die
Bürger nie und nimmer zu bewegen gewesen, denn davon gab es
gerade schon genug. Die Bierbrauer rangen die Hände, denn das frische Quellwasser war für das Bier einfach unentbehrlich. Sie redeten
stundenlang und überlegten hin und her. Als es gar keinen Ausweg
mehr zu geben schien, kam dem Bürgermeister noch ein Gedanke.
Er rief: „Trinkt doch auch der Ritter Alkun unser Bier über die Maßen
gern, so muss uns das eben helfen!"
Ein großes Turnierfest ward angesetzt und der Ritter dazu einge-
laden. Er kam, wenn auch erstaunt, hatte er auf seine Forderung
doch eigentlich mit anderer Antwort gerechnet. Ganz besonders gut
und kräftig schien das Bier diesmal geraten. Der Ritter nahm volle
Züge aus seinem mächtigen Humpen, der ihm - und darauf hatte der
Bürgermeister ein wachsames Auge - immer gleich wieder gefüllt
wurde. Alle Ratsherren tranken ihm der Reihe nach zu, und wacker
hielt er mit, allen tat er Bescheid. Er konnte ja viel vertragen und
trank einen nach dem anderen unter den Tisch - bis auf einen. Das
war der Bürgermeister selber, denn er hatte in seinem Humpen wohl-

bedacht ein Fach einsetzen lassen. Da blieb er nüchtern, bis der Ritter endlich vom Stuhl glitt. Geschwind fing er ihn auf und schob ihm noch ein Schriftstück hin zum Unterschreiben. Die List gelang.

Was er da unterzeichnet hatte, wurde Herrn Alkun erst am nächsten Tag bewusst: Die Quelle hatte er der Stadt geschenkt. Obgleich er sich über seine Dummheit ärgerte, es galt: Ein Mann – ein Wort!
Zum Trost versprach der Bürgermeister ihm ein freies Bier, so oft er trinken wollte.

Noch viele Jahre war der Ritter dann im Ratskeller zu Gast und genoss das gute Bier in tiefen Zügen. Die Barther dankten aber ihrem Bürgermeister, dass die klare frische Quelle vor der Stadt ihnen allen auch weiterhin zugute kam.

Von wundertätigen Dingen

Das wundertätige Marienbild und der Gesundbrunnen zu Kenz

In der Kirche zu Kenz, die durch ihre prächtigen Glasfenster und das Grabmal Barnim VI. berühmt ist, befindet sich ein altes Marienbild, „Maria Pommerana", welches die Mutter Gottes mit dem Jesuskind auf dem Schoße darstellt. Vom 14. bis zum 16. Jahrhundert wurde diesem Bild wundertätige Heilkraft zugesprochen, und auch der im Jahre 1405 an der Pest erkrankte Herzog Barnim VI. wollte zu dem Bild wallfahren, um Heilung zu suchen.

Man erzählt, dass das Bild bei der Einführung der Reformation nach Rom geschafft worden sei, um die Wunderkraft des Bildes für die katholische Kirche zu erhalten. Das jetzt noch vorhandene Bild soll eine Nachbildung des Originals sein, die im 16. Jahrhundert angefertigt wurde. Als im 15. Jahrhundert eine verheerende Seuche in Europa einbrach, da wurde die besondere Heilwirkung des Wassers aus dem Kenzer Brunnen entdeckt. Folgende Sage berichtet davon.

Ein von der Seuche ergriffener Bauer kniete vor dem Marienbild, welches an einer Eiche neben der Kirche angebracht war. Da steckte die Mutter Gottes einen Zepter aus, das auf den nahen Brunnen wies. Der Bauer trank von dem Wasser und wurde in kurzer Zeit wieder gesund.

Danach verbreitete sich schnell der Ruf von der Heilkraft des Kenzer Brunnens, und viele Menschen von nah und fern kamen, um bei dem heilkräftigen Wasser Genesung zu suchen. Über 400 Jahre ist der Brunnen besucht worden. Zu Beginn des 18. Jahrhunderts kamen dann die Seebäder in Mode, und damit hatte Kenz seine Rolle als heilkräftiger Ort verloren.

S. 78 Wallfahrtskirche in Kenz »

Nur die schöne Wallfahrtskapelle und ein Rest der alten Brunnenallee für die Kurgäste erinnert an die Zeiten, in denen das Dorf Kenz weit über die Grenzen Pommerns bekannt war. Auf der „Brunnenaue" wurde an Stelle des alten Heil- und Gesundbrunnens eine Pumpe errichtet. Gegenüber der Kirche steht heute das Gasthaus „Zur Wunderquelle".

Einen Gesundbrunnen gab es auch in Dänschenburg, von dem folgende Sage berichtet. Hier versiegte die Heilquelle durch Verunreinigung.

Der Gesundbrunnen von Dänschenburg

In der Kirche zu Dänschenburg bei Ribnitz sieht man gerade unter der Kanzel eine immer fortwährend feuchte Stelle, über welche eine Sage berichtet.

Vor vielen Jahren befand sich hier ein Gesundbrunnen, dessen Wasser eine besondere Heilkraft gegen allerlei Krankheiten hatte. Bald verbreitete sich der Ruf von diesem Brunnen durchs ganze Land. Scharenweise strömten die Kranken aus allen Gegenden herbei. Weil der Brunnen aber Krankheiten heilte, so suchte hinfort niemand mehr Hilfe bei den Ärzten. Diese wurden darüber neidisch und wussten einen Schäfer zu bewegen, seinen Hund in den Brunnen zu werfen. Sofort hörte die heilende Kraft dieses Brunnens auf, der daher zugeworfen wurde. Die Stelle aber, wo er gewesen ist, ist seit der Zeit feucht geblieben.

In Mecklenburg knüpfen viele alte Bräuche an so genannte „Krupeichen". Diese Bäume weisen auf eine Mannshöhe längliche Öffnung des Stammes, durch die ein Mensch hindurch kriechen kann. Der Glaube besagt, dass diesen gespaltenen Bäumen eine Heilkraft beiwohne, die den Kranken beim Durchkriechen von seinem Leiden erlöst. Um die gewünschte Heilung herbeizuführen, musste das „Dörchkrupen" stillschweigend zur Dämmerung geschehen. Als besonders heilkräftiger

Tag erwies sich der Freitag. Als Dank legten die Geheilten Münzen oder andere Dinge unter die Baumwurzel. In diesem uralten Brauch steckt noch der Rest des alten Baumkultes unserer Vorfahren. Die Germanen und Slawen verehrten Bäume, die ihren Göttern geweiht waren. Zu bestimmten Zeiten wurden ihnen rituell Opfer dargebracht. Besonders die Eiche galt als heiliger Baum, und so ehrten noch im 12. Jahrhundert slawische Pommern einen mächtigen Eichenbaum in der Gegend Wolins durch Opfergaben und bunte Schleifen. Das „Dörchkrupen" hat seinen Ursprung vermutlich im Glauben an eine symbolische Wiedergeburt, weshalb die Krupeichen als heilig und unverletzlich galten.

Die Wundereiche im Barther Stadtforst

Viele Jahre schon steht im Barther Stadtforst diese sonderbar geformte Eiche. In ungefähr drei Meter Stammhöhe ist ein starker Ast herausgewachsen, der sich in einem Halbkreis wieder mit dem Hauptstamm vereinigt. Die dadurch entstandene Öffnung ist so groß, dass ein erwachsener Mensch hindurch kriechen kann.

In früheren Zeiten war dieser Baum als Wundereiche weit berühmt. Von nah und fern kamen Gichtkranke und Gelähmte und sollen hier Heilung gefunden haben. Eine Leiter und ein unterhalb der Öffnung angebrachtes Brettergestell erleichterten ihnen das Hinaufsteigen. War es auch beschwerlich für die Kranken, durch die Öffnung zu gelangen, sie waren dann oft gleich geheilt, hängten ihre Krücken an den Baum und konnten nach Hause gehen. Ganze Reihen von Wagen, die Kranke brachten, standen manchmal am Wege, und sogar aus der Greifswalder und Wolgaster Gegend kamen Leute zur Wundereiche. Ihr Ruf war weit gedrungen. Eines Tages jedoch verlor der Baum seine wunderbare Kraft. Man berichtet, ein Schäfer sei Schuld daran. Er hatte einen schon recht alten, kreuzlahmen Hund, den er durch die Öffnung der Eiche steckte. Damit wurde die Heilkraft des Baumes missbraucht, und seitdem ist sie erloschen.

Von Recht und Unrecht

Das Mordkreuz am Weg

In der Herberge zu Barth machte einst ein Schuhmachergeselle eine größere Zeche. Um zu bezahlen, langte er in die Tasche nach Geld. Sie war aber voller Holznägel, wie sie die Schuhmacher verwenden. Während er nun unter den Stiften ein Geldstück suchte, meinte er scherzhaft zum Herbergsvater: „Na, findet sich unter den Hunderten gar keins für dich?"

Ein anderer Handwerksbursche hörte diese Worte. In der Meinung, der Schuhmachergeselle hätte die Tasche voller Geldstücke, folgte er ihm auf dem Weg nach Dievitz, erschlug und verscharrte ihn. Aber die Untat blieb nicht verborgen, und der Mörder erhielt seine gerechte Strafe. Zum Gedenken setzte man an den Ort des schaurigen Geschehens auf dem Weg von Barth nach Dievitz ein weithin sichtbares Mordkreuz.

Kornwucherer Pantlitz

Das Jahr 1318 brachte eine Missernte, und viele Menschen starben in Folge einer großen Hungersnot. Zu dieser Zeit wohl entstand dann die Sage vom Kornhändler Pantlitz, besser bekannt als der Kornwucherer. Denn während die Menschen litten und vor Hunger umkamen, gab der Kornwucherer Pantlitz aus Damgarten Getreide aus seinen Vorräten nur zu höchsten Preisen ab und scheffelte fröhlich Gold. In den nächsten Jahren stand es wieder gut um die Ernten, und die allgemeine Not war gestillt. Der Kornhändler aber, der immer noch gierig nach Geld war, und nun nicht mehr so viel zu verdienen hatte, ärgerte sich sehr. Während die Gesichter der Menschen wieder fröhlicher wurden, fuhr er vergrämt mit seinem Knecht die Ernte

« S. 81 Die Wundereiche im Barther Stadtforst

vom eigenen Acker ein. Als der Knecht aber vor Freude über die gut-
gelaunten Menschen ein munteres Lied sang, packte den Wucherer
in Hass und Habgier eine unsagbare Wut. In seiner Verblendung
griff er das Seil, mit dem der Weesboom, ein starker Balken, über
die eingebrachten Garben gebunden war, wickelte es sich um den
Hals und sprang vom Wagen, dass er sich jämmerlich erhängte. Der
Knecht, der fröhlich dahinfuhr, merkte von alledem nichts. Als er
in Damgarten einfuhr, wunderte er sich, dass die Menschen hinter
seinem Wagen zusammen kamen und erschrocken drein schauten.
Suchend blickte er sich um, und sah nun auch, dass er seinen er-
hängten Herrn nachschleppte.

Der Scheidegänger

In Blankenhagen bei Ribnitz wohnte einst ein reicher Edelmann, der,
weil er keine Kinder hatte, die Hälfte seiner Güter der Kirche vererbte.
Die Verwandten aber bestachen nach seinem Tode den Landvermesser,
der die Teilung vornehmen sollte. Diese fiel dann auch zugunsten der
Verwandten aus. Man ließ als Grenze einen großen Wall aufwerfen,
den man noch heute im Walde zwischen Blankenhagen und Groß-
Freienholz sehen kann. Eine halbe Stunde davon sieht man oft des
nachts einen Mann mit einer Messstange gehen und rufen: „Hir is
die Scheid.“

Teufelsbanner

In dat Dörp in de Gegend von Ribnitz is mal eins ‚n Möller west, die
hett dat verstan, den Düwel ran tau lesen. Einmal, as hei nu wedder
den Düwel ran lest hett, lop’n em de Ogen äwer, un hei kann nu den
Düwel nich wedder weg krigen. Dunn lat’n se drei Preisters kamen,
dii em wedder wegbring’n sälen. As de irst Preister kümmt, seggt

de Düwel „Du büst mal eins dörch'n Heck gan un hest dat ap'n laten. Dunn is `n Swin dor dörch na ‚n Acker rup gan un hett dor grot'n Schad'n dörch dat wäulen dan." Disse Preister kann nu den Düwel nix. Dunn kümmt de tweite. Tau denn' seggt die Düwel „Un din'n Mantel is up'n Himmelfortsvörmiddag neiht. Dat de Snider dor äver up dissen Dag an neiht hett, dor büst du schuld an, denn du hest em bi de Arbeit so drewen." So kann denn ok disse Preister den Düwel nich wedder weg krig'n. Nu kümmt denn de drüdd' Preister. „Tau denn", seggt de Düwel, „As du noch'n lütt'n Jung wirst, hest du'n Bäcker ‚n Semmeln wegnamen." Dunn antwurt de Preisetr „Da ich ein Kind war, da tat ich wie ein Kind."

„Ja" seggt de Düwel, du hest likerst noch ‚ne Sünn' dan; du hest mal eins'n Stein, de up dinen Acker leg'n hett, na dinen Rawer sinen Acker rup semt'n." „Ja", antwurt de Preister „It heww em äver ok glik wedder runner halt, denn ick seg in, dat dat nicht recht wir." Hiermit hett de Preister denn Düwel sagt, un die Düwel möt wis'n. Dunn fröchte hei den Preister, ob hei nich in datr stinken Ass foren künn, wat achtern Tun liggt. De Preister antwürt. „Nein, Satan, du sollt in einen harten Stein fahren." As die Düwel nu weg is, gan se hen un seihn tau, wat achter den Tun is. Dunn liggt dor'n Mann achter, die is dun.

*

Die weiße Frau in Löbnitz

Zwischen Stralsund und Ribnitz-Damgarten liegt das Dorf Löbnitz. Vor vielen Jahren soll hier immer zur nachtschlafenden Zeit eine weiße Frau wandeln. Sie nahm immer denselben Weg, von der Bleiche über einen Steg, der hinter dem Backhaus über einen Bach lag, um den Schafstall und die alte Scheune. Dann ging sie langsam durch den großen Garten und blieb oft stehen, um sich zu bücken, als wollte sie Äpfel aufsammeln oder Blumen pflücken. Zuletzt trat sie ins Gutshaus, wo sie Schlag eins aus dem Keller unter der Treppe herauskam, in der Hand ein Licht, das hell in blauen Funken aufknisterte. Viele Leute hatten sie nach Mitternacht gesehen. An der Treppe blieb sie gewöhnlich stehen, blickte sich um und sah nach, ob die Haustür verschlossen war. Langsam und feierlich stieg sie dann zum Boden hinaus und in die Dachwinkel, wo die Katzen sich verkrochen, und löschte ihr Licht.

Kein Mensch ging um diese Stunde gern auf die Diele oder auf die Treppe. Kam doch einmal eine Magd, die des Nachts etwas Eiliges im Gutshaus zu bestellen hatte, so stürzte sie auf der Treppe plötzlich wie tot hin und war dann krank und elend. Die weiße Frau mit dem blauen knisternden Licht sei ihr in den Weg getreten und habe sie angepustet. Das war alles, was sie noch hervorbrachte. Es war schon hundert Jahre her oder länger, dass die weiße Frau in Löbnitz wirklich gelebt und regiert hatte. Eine reiche und stolze Edelfrau war sie gewesen, schön von Angesicht wie der helle Sonnentag, aber auch grausam und falsch, und viele glaubten, was man ihr nachsagte: Sie habe ihren eigenen Gemahl, der etliche Jahre älter war als sie, mit Gift aus dem Leben gebracht.

Als die Edelfrau aber selbst ins Alter kam, wurde die Gier nach Geld und Gold immer mächtiger in ihr. Bald war sie die ärgste Menschenschinderin und Leuteplagerin weit und breit.

Aus dem Blut und Schweiß der armen Leute kratzte sie das Gold in Haufen zusammen und vergrub es an vielen Stellen. Als der Tod ihrem schlimmen Treiben endlich Einhalt gebot, wurde ihr die Strafe zuteil, dass sie, ebenso wie sie anderen nicht Rast und Ruh gegönnt hatte, auch im Grabe keine Ruhe finden sollte. Wenn im Dunkel der Nacht alles schlief und nur lichtscheues Getier, wie hungrige Wölfe und Füchse, Marder und Iltisse, auf den Beinen war, dann musste sie hinaus in Hagel und Schnee, in Regen und Wind, musste immer wieder denselben Weg gehen, in ihrem weißen Totenhemd und mit dem blauen Licht in der Hand. Auf der Bleiche und im Keller hatte sie das meiste Geld vergraben. Und dorthin zog es sie nun Nacht für Nacht.

Schatzgräber wühlten die Erde der Bleicherwiese um und um, doch sie fanden nichts. Es hieß, je schlechter der Mensch gewesen sei, der Geld in der Erde vergraben habe, desto tiefer könne der Böse es zu sich hinabziehen. Und wer weiß, wie tief der Schatz der weißen Frau wohl schon gesunken ist ...

« S. 86/87 Fischerkirche in Born

Schatzgräberei in Bartelshagen

Es mag gut zwei Menschenalter her sein, da beschlossen drei miteinander verschwägerte Bauern in Bartelshagen, einen Schatz zu heben, der einer alten Sage nach in Markwartbusch, einem kleinen Gebüsch hinter Linnes Gasthof, in der Franzosenzeit vergraben worden war. Sie hatten das Geld schon öfter brennen sehen und wandten sich an einen klugen Mann, den Gastwirt R. in Saal, der Krankheiten zu kurieren, den Diebessegen zu sprechen und die Wünschelrute zu gebrauchen verstand. R. leitete dem Rufe Folge; in düsterer Nacht erschien er an Ort und Stelle und stellte die Bauern mit Spaten in den Händen an ihre Plätze. Damit sie schweigend graben sollten. Als sie nach harter Arbeit etwa zwei Meter tief gegraben hatten, stießen sie auf etwas Hartes, so dass der Spaten klang. „Do is de Kasten! Lat mi" rief einer der Bauern, der im Eifer ganz vergaß, dass er nicht sprechen durfte. Im selben Augenblick fuhr eine Wirbelwind durch die Bäume und drückte die Zweige zur Erde nieder; aus der Erde drang ein furchtbares Getöse, und der Kasten versank samt dem Schatz krachend in der Erde. Die Bauern aber erhielten einen Schlag ins Gesicht und fielen auf den Boden.

Nie wieder gruben sie nach dem Schatze.

Zu guter Letzt

Schipp up Strand!

Dor was mal ens 'n Darsser, de kem, as he dot wier, an de Himmeldöhr un kloppt for an, dat se em rinlaten sullen. Petrus makt dat Finster up un frog em, wer he wier un wur he herkem.

De Darsser: „Ick bin von 'n Darss und mücht girn in'n Himmel rin."

Petrus: „Dat glöw ich di wol to, äver dor kann nick nich von warden, dor is kein platz mihr in."

De Darsser: „Sinn denn ok Hiddenseesche in?"

Petrus: „Je, von de Ort hebben wi hier nahgradens nog. Dat es ne ganz dulle Bann', de maken so veel Krakeel, ick weit nich, wur dat noch warn sull."

De Darsser: „Denn schmiet sie doch rut!"

Petrus;, Je, wenn dat so licht wier."

De Darsser: „Wenn dat wieder nicks is, mit die weit ick noch Bescheid. Ick will di wat seggen: Nimmst du mi hier bi di up, so schaff ick di gliek de ganze Sipp von'n Liew."

Petrus: „Dat sall gellen!"

De Darsser: „Denn mak man de Döhr'n beten up."

Un denn legggt he beide Hänn mit de flache Sied an'än Mund dun reep luuthals in'n Himmel rin: „ Schipp up Strand! Schipp up Strand!" Kuum harren de Hiddenseeschen dat hürt, so sprungen se up un stört'en sick rut ut de Himmelsdöhr, denn se wulln all helpen, un keen wull bi so 'ne Sak de letzt sin. Dat wird grad, as wenn ein mit'n risern Bessern Utkir hölt, dor blewe ok nich ein Hiddenseesch in'n Himmel.

As se all buten wieren, klappte Petrus de grote Dör achter en toun, was froh, dat he de Gesellschaft so licht loswarden wier. De Darsser äver had nu välen Platz un sett sick dichting bi'n leiwen Gott sülwst up die Bank.

Sonnenuntergang am Strand von Wustrow »

Quellenverzeichnis

ARNDT, ERNST MORITZ: Mähren und Jugenderinnerungen, Berlin 1842

BARTSCH, KARL: Sagen, Märchen und Gebräuche aus Mecklenburg, Wien 1879

BURKHARDT, ALBERT: Vineta, Sagen und Märchen vom Ostseestrand, Rostock 1965

HAAS, ALFRED: Pommersche Sagen, Leipzig 1921

HAAS, ALFRED: Klaus Störtebecker in der pommerschen Volksüberlieferung, Stettin 1932

JAHN, ULRICH: Volkssagen aus Pommern und Rügen, Berlin 1886

KASTEN, HERBERT A.W.: Der Darss, Berlin und Radebeul 1953

KRAMBEER, KARL, Mecklenburgische Sagen, Ribnitz, 1926

MESSAL, NORBERT: Zur Profan-Magie in Mecklenburg: Brunnen und Herd, Blankenberg 1999

MIETHE, KÄTHE: Das Fischland, Rostock 1949

NACHTIGALL, WALTER, Werner, Dietmar (Hrsg.): Der schweigsame Fischer und andere Volkssagen um Stände und Berufe aus dem Mecklenburgischen, Berlin 1988

Prerow auf dem Darss. Ein vorpommersches Ostseebad und seine Nachbardörfer Wieck und Born – Ortserkundungen von Friedrich Schulz, Verlagsbuchhandlung Bunte Stube Ahrenshoop, 1992

SCHNEIDEWIND, GISELA (Hrsg.): Herr und Knecht, Berlin 1960

Der Darss, Urwaldland zwischen Meer und Bodden, Radebeul 1953

Land zwischen Meer und Bodden, Leipzig 1980

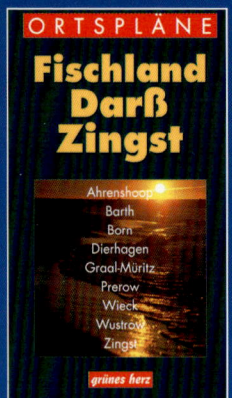
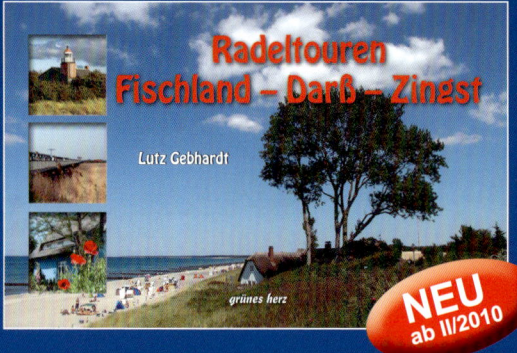

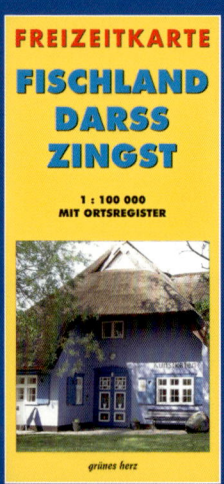
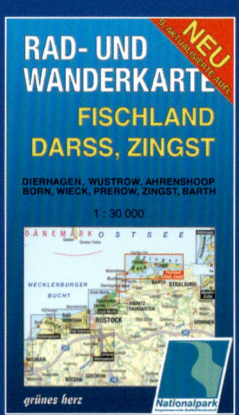
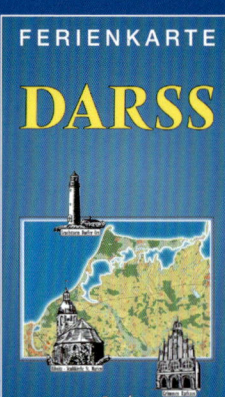

Demmler Verlag GmbH

FISCHLAND
DARSS & Zingst
Sagen und Geschichten
Neu erzählt von Krystin Liebert
96 S., 23 Farbfotos
Br. € 7,80 EURO

ISBN 978-3-910150-84-3

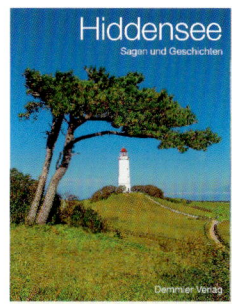

HIDDENSEE
Sagen, Märchen und Schwänke
Hrsg. nach Quellen
von Hans Findeisen
96 S., 30 Farbfotos
Br. € 7,80

ISBN 978-3-910150-90-4

USEDOM
Sagen und Geschichten
Neu erzählt von Egon Richter
80 S., 11 Farbfotos
Br. € 7,80

ISBN 978-3-910150-10-2

RÜGEN
Sagen und Geschichten
Vorgestellt und erzählt
von Krystin Liebert
96 S., 23 Farbfotos
von Lutz Gebhardt
Br. € 7,80
ISBN 978-3-910150-83-6

GRIESE GEGEND
Sagen und Geschichten
Sitten und Bräuche
Hrsg. von Hartmut Brun
88 S., 18 Farbfotos
Br. € 7,80

ISBN 978-3-910150-12-6

MÜRITZ
Sagen und Geschichten
Hrsg. Susan Lambrecht
96 S., 23 Farbfotos
Br. € 7,80

ISBN 978-3-910150-55-3

Demmler Verlag GmbH
An der Bäderstrasse 7 c
18311 Ribnitz-Damgarten
Tel. 038 21/ 70 63 97
Fax: 038 21/ 70 88 76
info@demmlerverlag.de
www.demmlerverlag.de
Die Bücher sind in allen Buchhandlungen oder direkt beim Verlag erhältlich.
Auch über den Verlag grünes herz unter bestellung@gruenes-herz.de zu beziehen.

Herausgeberin:

Krystin Liebert, geb. 1977 in Schwerin

*„Mich interessiert das magische
Mecklenburg. Sagen verbinden uns
mit der Seele unserer Ahnen."*

Fotos:

Matthias Krempien, geb. 1970
in Crivitz

*„Fotografie läßt uns erahnen,
wie sich die Schauplätze
der Vergangenheit gestalteten."*

Fotos:

Dr.-Ing. Lutz Gebhardt, geboren 1952 in
Weimar, studierte an der Technischen
Hochschule Ilmenau Elektrotechnik.
Heute leitet er seinen 1992 gegründeten
Verlag „grünes herz". Seine ersten foto-
grafischen Wege beschritt er während
seiner Studienzeit (1973-77). Mit der ersten größeren Fahrradtour, die ihn 1986
gemeinsam mit Jens-Ulrich Groß (Chem-
nitz) in die damaligen mittelasiatischen
Sowjetrepubliken Tadschikistan und
Usbekistan führte, bekam die Fotografie
für ihn einen neuen Stellenwert.